APPROCHES DU DISCOURS COMIQUE

PHILOSOPHIE ET LANGAGE

**Laurence Rosier
Jean-Marc Defays**

approches du discours comique

MARDAGA

Publié avec le concours
de la Fondation universitaire de Belgique
et de la Fondation Francqui

© 1999, Pierre Mardaga éditeur
Hayen, 11 - B-4140 Dolembreux (Sprimont)
D. 1999-0024-8

Présentation

Le groupe de contact FNRS ADISCOM (*Approches du DIScours COMique*) a organisé, dans le cadre des journées d'étude de CORHUM (association française pour le développement des recherches sur le COmique, le Rire et l'HUMour), un colloque consacré aux Approches du discours comique qui s'est tenu le 1er juillet 1995 à l'Université de Paris VIII. Cet ouvrage est la récolte prometteuse des perspectives ouvertes par cette réunion interdisciplinaire autour de la notion de comique.

Pourquoi *Approches* au pluriel ? Notre but a été de développer une réflexion centrée sur le discours comique en associant des spécialistes en linguistique, en littérature et en esthétique, soit qu'ils s'intéressaient déjà au discours comique et qu'ils souhaitaient approfondir et diversifier leur recherche, soit qu'ils travaillaient dans une des orientations décrites ci-dessus et qu'ils désiraient confronter leur méthodologie ou leur corpus au comique.

L'enjeu de cette interrogation sur le discours comique est important : version négative ou récréative, parodique ou inédite, en tout cas paradoxale de ce que l'on appelle « sérieux », l'étude des principes et variétés, des procès et procédés, des conditions et intentions du comique, débouche sur les questions fondamentales de stratégies, de typologies, de genres et d'interrelations des discours en général. De ses mécanismes les plus élémentaires à ses formes les plus complexes, le comique appelle sans cesse la comparaison avec d'autres discours dont il oblige à affiner et à renouveler l'examen.

Les contributions qui suivent entendent aborder ces questionnements en montrant par leur diversité la richesse de ces *approches du discours comique*, où se mêlent épistémologie, méthodologie, philologie (au sens barthésien de *plaisir du texte*), où se confrontent comique verbal et non-verbal, mots et images, rire et recherche. Cependant, la multiplicité des communications ne nuit-elle pas à la cohérence d'un projet qui entend saisir la discursivité du comique? Comment trouver le fil rouge fédérant l'ensemble des approches proposées?

Nous avons réorganisé le volume selon certains principes conducteurs : d'emblée une série de problématiques se retrouvent à des degrés divers dans les textes. La question du sens comique, de la signifiance, de la signification occupe le terrain de réflexion de manière privilégiée : de la spéculation philosophie (Pierre Schoentjes) à la sémantique du calembour (David Gullentops) en passant par des analyses plus spécifiquement sémiotiques (Marion Colas-Blaise, Bernard Sarrazin). La dimension sociale du comique est maintes fois évoquée, qu'il s'agisse de sa place dans l'interaction verbale et de sa réception (Jean-Charles Chabanne, Bernard Lefort), de sa dimension stéréotypique (Louis Gemenne), de son rôle de perturbateur et subversif de l'ordre social, entre censure et morale (Laurent Sterckx, Isabelle Van de Gejuchte). Par ailleurs la fonction de rupture énonciative et pragmatique provoquée par l'événement comique est au centre de bon nombre de contributions (Dan Van Raemdonck, Dominique Bertrand) mais questionnée, nuancée, remodelée car la «transgression» provoquée par le comique et révélée par un usage synonymique abondant (incongruité, discordance, inattendu, imprévisible, surprise, distorsion, dissonance) relève de l'évidence idéologique et ne peut manquer d'être interrogée.

Les spécificités propres à chaque travail permettent dès lors de proposer, à partir de ces questionnements récurrents, des solutions différentes suivant la perspective adoptée (historique, littéraire, linguistique), la nature du corpus (écrit, oral, théâtral, filmique), l'appareil théorique (structuraliste, sémiotique, narratologique, sociologique). Le texte de Jean-Marc Defays, en guise d'introduction unificatrice, ouvre le volume en rappelant les problèmes posés par l'analyse du comique, en envisageant respectivement les composantes du phénomène complexe que constitue le comique verbal : *comique, analyse, discours, langage comique, style comique, genre comique, littérature comique, régime comique.* Ces pistes de recherche vont pouvoir être relayées dans l'ensemble de l'ouvrage : la contribution de Pierre Schoentjes rend hommage à la tradition philosophique d'approche du comique et tente de cerner les spécificités particulière de l'ironie et de l'humour. Elle balaie une formation discursive particulière dans un souci définitoire et typologique. La dimension rhétorique de l'ironie achemine le propos vers la pragmatique. Du point de vue méthodologique, Jean-Charles Chabanne pose, dans un cadre linguistique, des questions essentielles : la classique opposition oral/écrit lui permet de traiter le comique sous l'angle énonciatif et de décrire la discursivité comique dans son ensemble : matériel *verbal, paraverbal, non-verbal*. Ces aspects, longtemps négligés par la critique, participent pourtant intégralement du comique (mimiques, accessoires à valeur symbolique comme le nez rouge du clown, etc.). Les textes de Defays, Schoentjes et Chabanne présentent des synthèses regardant tour à tour l'épistémologie, la méthodologie et la définition du phénomène comique.

Nous pouvons alors nous avancer vers des terrains balisés qui veulent décrire des types comiques dans leur spécificité historique et discursive : Louis Gemenne inaugure ce volet par une étude d'un fabliau satirique du moyen âge. On y retrouve les interrogations précédentes concernant la méthode (comment la littérature médiévale est-elle transcodée en situation scolaire ?), la situation d'énonciation (quand la voix du jongleur s'est tue, comment traiter cette énonciation foncièrement perdue ?), la dimension typologique (qu'est-ce que la satire ?), le caractère social (la censure des passages osés dans les anthologies du texte qu'il a étudié). Poursuivant la chronologie, on trouvera ensuite le texte de Dominique Bertrand qui s'occupe d'un genre particulier (le burlesque) *in se* et par rapport à d'autres manifestations du comique traduites par le lexique comme *l'humour* et *le grotesque* dans la littérature des XVIIe et XVIIIes siècles. A nouveau, l'analyse énonciative évolue vers la dimension pragmatique par le recours au concept de discordance. Nous restons au siècle des Lumières avec Marion Colas-Blaise qui applique le point de vue sémiotique, sans négliger la praxis énonciative individuelle et collective, à une historiette du marquis de Sade. Elle pose cette question essentielle : pourquoi et à partir de quand un phénomène devient-il comique ? La construction du sens est au centre du propos. Un bond historique nous alors mène aux rives du XXe siècle — le dix-neuvième est traversé au galop et ne s'arrête qu'à Hugo — et à ses représentants poétiques par le biais du calembour : les contributions de David Gullentops et de Dan Van Raemdonck participent de notre projet en confrontant des approches (au pluriel) d'un même phénomène. Si le premier cherche à définir le statut poétique d'une figure du comique notamment à travers Appolinaire et Cocteau, le second entend s'attacher au matériel signifiant dans un cadre théorique qui mêle structuralisme todorovien et analyse conversationnelle. Forme et sens jalonnent les textes de nos auteurs qui n'oublient pas le souci typologique lorsqu'ils opposent *jeu de mots* et *calembour*. Poursuivant la démarche qui vise à interroger les critères définitoires des différents comiques, Bernard Lefort étudie les histoires drôles selon des modèles psycho-cognitifs. Orientée autour de l'auditeur, son approche reprend également une série de questionnements antérieurs dont celui de la construction du sens. On tire ici vers des situations d'énonciations particulières, où l'on appréhende une histoire drôle *racontée* à des enfants. Cela nous amène aux textes de Isabelle Van de Gejuchte et Bernard Sarrazin qui s'attellent à ces histoires racontées publiquement, c'est-à-dire aux sketchs d'humoristes publics. Chez Lenny Bruxe dont s'occupe Van de Gejuchte, c'est davantage la satire sociale qui prime. Cela lui permet de s'attarder sur la définition du phénomène satirique et sa réception. La dimension critique atteint son comble dans les solos de Devos et Desproges traités par Sarrazin : c'est de croyance dont il est question, de religion, de Dieu. La linguistique et la pragmatique constituent l'appareil théorique, qui a tendance à s'infléchir vers des modèles cognitifs pour confronter l'acte de croire et l'acte de rire. Nous restons dans le domaine du spectacle avec les deux derniers travaux qui nous plongent dans le domaine cinématographique, complétant le corpus envisagé jusqu'ici. Laurent Sterckx perpétue la réflexion typologique en distinguant entre *gag*, *blague*, *repartie* et *événement comique* à travers maints exemples cinématographiques et plus précisément dans *Ninotchka* de Lubitsch. L'engendrement du rire est aussi au centre de ses préoccupations. Enfin, Daniel Weyl nous entretient du comique à l'œuvre dans les films de Chaplin. L'analyse discursive se clôt par un comique silencieux, visuel, interprété en termes sémiotiques et symboliques, qui métaphorise la *naissance* du comique.

Ce vaste tour d'horizon théorique et pratique est pour notre groupe de recherche un jalon qui a permis de cerner les enjeux à la fois linguistiques, pragmatiques, typologiques, sémiotiques, littéraires que pose l'étude du comique dans ses diverses réalisations discursives. Des pistes sont là, prêtes à être exploitées : notamment dans l'articulation de la sémiotique littéraire et de la linguistique pragmatique et conversationnelle, de la prise en compte du signifiant matériel du dire (paraverbal, non-verbal, métatextuel), du genre comique comme modalité particulière, entre soumission et subversion. C'est un premier pas stimulant qui nous encourage à poursuivre notre réflexion scientifique interdisciplinaire.

Jean-Marc Defays
Université de Liège

Laurence Rosier
Université de Bruxelles

Introduction

Jean-Marc Defays
Université de Liège

Avant d'entreprendre l'étude du comique et la lecture d'articles s'y rapportant, il convient d'épingler quelques préjugés qui risquent d'en gêner la bonne compréhension. Il s'agit moins ici de mettre en garde que d'encourager à reprendre la problématique sur de nouvelles bases comme nous souhaiterions le faire avec cet ouvrage.

a) Premièrement, on entend trop souvent dire que le comique est une *énigme*. D'où la candeur de certains quand ils croient en détenir «la solution» ou le découragement d'autres quand ils se rendent compte qu'elle leur échappe. Cet acharnement finit tout de même par donner l'impression que le comique repose sur un principe unique et universel. Non seulement cette conception dessert le comique par rapport aux autres discours, mais elle gêne son analyse qui ne devrait pas se poser en termes de résolution, mais en termes d'approximations successives, d'interprétations relatives et provisoires.

b) Le second préjugé part d'un point de vue diamétralement opposé selon lequel le comique est tellement instable, relatif, imprévisible, bref, anarchique, qu'il est impossible de le saisir rationnellement. C'est vrai que tenir un discours scientifique sur un discours comique est problématique car ils risquent de s'invalider mutuellement : ou bien le sérieux devient comique (par contagion), et il perd son crédit; ou bien le comique devient sérieux (par réduction), et l'étude perd son objet. Ceci pour cette raison que l'un fonctionne sur les principes logiques de la non-contradiction, de l'association causale, de la généralisation; l'autre, changeant, destructif, autodestructif, est réfractaire à toute systématisation et modélisation. Il n'empêche que les sciences du langage proposent aujourd'hui — nous pensons aux linguistiques énonciatives, discursives et pragmatiques en général — des perspectives, des concepts et des méthodologies qui prennent en compte ces conditions inhérentes à tout discours, mais qui se posent de manière critique avec le comique, d'où son intérêt.

c) Le troisième préjugé est que le comique est simplement l'envers, le contraire, le négatif du sérieux, c'est-à-dire qu'il fonctionne sur le mode de la *violation*, de l'incongruité, de l'écart, de la contradiction, du paradoxe... La démarche *a contrario*, qui repose effectivement sur une modalité fondamentale du comique, finit tout de même par n'en donner qu'une vision biaisée et réductrice, et même par mettre sa spécificité en doute puisqu'il n'existerait dans ce cas que de manière parasite, parodique, transgressive, voire pathologique, sans avoir de réalité propre. D'autre part, si le comique s'ingénie à prendre certaines libertés avec les normes, les modèles, les usages, le bon sens, il n'a cependant pas le monopole de l'écart, loin s'en faut. On sait que l'incongruité peut aussi caractériser la création poétique et la découverte scientifique que J. Cohen et A. Koestler comparent au comique, ainsi que la maladresse ou le hasard. Il en va de même pour les autres procédés que l'on dit caractéristiques du comique, comme la répétition, l'inversion, l'hyperbole...

d) Le quatrième préjugé veut que l'approche du comique n'a de chance d'être pertinente que si elle est *interdisciplinaire*. Si on ne peut contester ce principe dans l'absolu — qui vaut d'ailleurs autant pour toute autre pratique langagière et littéraire —, il me semble qu'à propos du comique, on l'évoque trop souvent pour renvoyer la balle à d'autres spécialistes, et principalement à ceux qui traitent du rire. Mais n'est-ce pas alors confondre les effets et leurs causes, de la part des spécialistes du langage, que de s'abstenir de toute considération un peu théorique et générale sur les principes, les procédés, les processus du comique. On ne peut pas, dans notre travail, faire l'impasse sur les interprétations que philosophes, psychanalystes, sociologues, historiens, proposent sur le comique; il n'en reste pas moins vrai que les linguistes, les sémioticiens, les critiques, ont leur contribution à apporter par l'étude des conditions langagières, textuelles, discursives, littéraires, de l'apparition du rire.

e) Le cinquième et dernier préjugé est bien connu, à savoir que le comique n'est *pas suffisamment sérieux* pour que l'on s'en occupe sérieusement? S'il n'a plus cours chez les philosophes, les psychanalystes, les historiens, qui fournissent régulièrement des études «sérieuses» sur le comique, rares sont les spécialistes du langage — linguistes, rhétoriciens, pragmaticiens — qui jugent bon de traiter le sujet autrement que subrepticement, pour illustrer une théorie qui porte sur les usages plus «sérieux», c'est-à-dire plus «normaux» du langage. Ce discrédit va certainement de pair avec le complexe ci-dessus décrit, c'est-à-dire que nos collègues estiment généralement que le comique ne relève pas de leur champ d'activités. C'est en fait pour prouver le contraire et réparer cette injustice qu'il convenait de publier ce recueil d'articles.

Les problèmes de l'analyse du discours comique

Jean-Marc Defays
Université de Liège

Après avoir dénoncé en introduction quelques préjugés dont il est nécessaire de se débarrasser, nous discuterons maintenant d'une manière un peu plus approfondie le bien-fondé d'une analyse du discours comique, et les conditions de sa réussite. Nous envisagerons pour ce faire chacun des termes de la définition du projet, en commençant par le *comique*, en passant ensuite à l'*analyse* du comique, pour terminer sur l'analyse du *discours* comique. A chaque étape se présentent en effet des difficultés spécifiques qu'il convient de clarifier pour avancer dans l'intelligence du phénomène complexe que constitue le comique verbal.

LE PROBLÈME DU *COMIQUE*

Avant même de chercher à l'analyser, le comique n'est pas un phénomène facile à localiser. Protéiforme, il peut varier d'aspects, de degrés, de procédés, de thèmes... au point de devenir méconnaissable. En outre, le comique est souvent subtil, diffus, volatil. Il s'infiltre (ironie), il détourne (parodie), il insinue (esprit), sans que l'on soit sûr de rien. Il peut se focaliser sur un jeu de mots ou un gag comme il peut contaminer subrepticement l'ensemble d'une conversation, d'un roman, d'une scène, leur donner une tonalité particulière mais imprécise. Enfin, le comique est tellement relatif, ambigu, instable que beaucoup se résignent à un parti pris subjectif et empirique : « Est esprit ce que je considère comme tel », décide Freud[1]; « le comique... est ce qui me fait rire », enchaîne Sareil[2].

Outre son caractère relatif, la définition du comique par ses effets hilarants pose toutefois problème. Si, selon Jean Cohen, « de toutes les catégories esthétiques, le comique a seul ce privilège d'induire une réaction physiologique spécifique et reconnaissable »[3], il est des formes d'humour (spirituel, grinçant) qui ne font pas rire et des rires qui ne doivent rien au comique (joie de vivre, chatouillements, hystérie, politesse, gêne...). Ensuite, pour le rire provenant du comique, les causes sont innombrables et ne produisent pas systématiquement les mêmes résultats. L'effet « rire » connaît lui-même une tellement grande variété de types, du sourire au fou rire, que l'on est en droit de se demander s'il s'agit toujours du même phénomène. Enfin, le rire est-il un effet immédiat du comique, ou l'effet de l'effet (plaisir de la transgression, moment de détente...) comme le pensent certains ?

Ensuite, doit-on parler du comique au singulier ou au pluriel ? « Sans doute faut-il d'abord se dépouiller des distinctions arbitraires ou abstraites qui opposent le comique, l'humour, la dérision, le grotesque », suggère Jean Duvignaud[4]. Cette position, que l'on rencontre chez beaucoup d'auteurs qui traitent DU comique, repose sur une hypothèse qu'il convient d'expliciter. A savoir que le comique existe en tant que tel, que l'ironie, l'humour anglais, la fantaisie verbale... n'en sont que des variétés secondaires. Il serait donc possible de dégager un invariant qui suffit à lui seul à définir le comique et à déclencher les rires. Nous revenons alors à la conception « énigmatique » du comique que nous dénoncions tout à l'heure.

Pour d'autres, le comique n'existe pas en tant que tel, le critère du rire n'intervenant qu'*a posteriori*. Le grotesque, l'humour, la satire... seraient alors des phénomènes distincts qui dépassent la dichotomie « comique *vs* sérieux » et qui font rire chacun pour des raisons différentes. C'est ce que suggèrent les nombreuses monographies exclusivement consacrées à la comédie, à l'ironie, aux jeux de mots, qui n'abordent le comique que de manière circonstancielle, comme s'il ne s'agissait que d'une variante parmi d'autres du phénomène concerné (ex. : ironie polémique, socratique, romantique...; jeux verbaux, assonances poétiques, formules incantatoires...).

Ce débat sur la « comicité » du comique, qui rappelle celui que l'on a tenu naguère sur la « littérarité » de la littérature, risque de déboucher sur la même impasse. On ne s'entendra en effet jamais sur l'improbable invariant comique sur lequel fonder une et une seule définition, et pourtant chacun a l'intuition, confirmée dans la plupart des cas par le rire qu'elles déclenchent, que toutes les formes de comique participent de la même pratique d'expression, qu'elles « s'apparentent au même parti pris, suggèrent la même connivence »[5].

C'est en tout cas sur cette hypothèse d'une modalité d'expression et d'interaction verbales propre au comique que nous fondons notre initiative. Faut-il encore déterminer de quel ordre est cette modalité.

LE PROBLÈME DE L'*ANALYSE* DU COMIQUE

Quand bien même on parviendrait à le localiser et à le définir (au moins provisoirement), reste à analyser le comique : de nouvelles difficultés surgissent. Premièrement, parce que le comique n'existe nulle part à l'état pur, élémentaire, mais qu'il apparaît toujours en composition avec de multiples facteurs dont on ne peut le dissocier. Si l'approche doit être pluridisciplinaire, ou au moins sensible aux différents paramètres qui conditionnent le rire, cette exigence ne doit pas décourager les spécialistes, notamment ceux du langage, de prendre leurs responsabilités. Deuxièmement, il n'y a aucune propriété objective qui soit exclusive, incontestablement distinctive du comique, qui résisterait à la contre-épreuve sérieuse... si ce n'est les effets hilarants dont nous venons de parler.

Le comique, aussi fortement et clairement finalisé dans sa fonction (« pour rire ») que dans son fonctionnement (le suspens, la chute), est à ce titre intéressant à comparer à d'autres genres aux intentions également radicales : le policier, qui vise l'élucidation; le fantastique, qui vise la peur; et l'érotique, qui vise l'excitation sexuelle.

Mais il faut en venir à la recherche des causes du rire, en partant du principe somme toute raisonnable que des effets si particuliers doivent bien être produits par des propriétés particulières. Cependant, tenir des considérations raisonnables, qui plus est scientifiques, sur le comique relève de la gageure car ces deux discours risquent de s'invalider mutuellement[6].

En outre, tirés de leur contexte et figés dans leur mouvement, le mot, l'anecdote, le discours comiques sont privés d'une large part de leur signification quand on les soumet à l'examen. On répète à ce propos le mot de Voltaire : « Toute plaisanterie expliquée cesse d'être plaisante ». Le propre du rire est de se soustraire au contrôle (social, rationnel, personnel). Plus grave : l'effet, c'est-à-dire le rire, qui nous a permis de reconnaître le comique, quand il survient ou même pour qu'il survienne, a tendance à effacer sa cause, c'est-à-dire le risible.

En fait, le comique n'est pas plus anarchique qu'énigmatique — les deux conceptions du rire qui conduisent à l'impasse —, sans quoi on rirait de tout et de rien, ce qui n'arrive que dans des circonstances très particulières, en cas de folie passagère ou réelle. Entre l'analyse froide et l'expérience convulsive du rire, il y a une marge de manœuvre qui permet d'observer les stimuli, leurs fonctionnements, leurs interactions, leurs conditions, qui ont la propriété d'enclencher les rires. C'est en tout cas avec cette conviction que nous nous livrons à nos analyses.

LE PROBLÈME DE L'ANALYSE DU *DISCOURS* COMIQUE

Ce problème est celui qui préoccupe le plus les spécialistes du langage que nous sommes, à quelque titre que ce soit. Mais justement, à quel niveau faudrait-il se placer? Ou, pour formuler la question autrement : devrait-on parler de « langage comique », de « style comique », de « genre comique », de « littérature comique », ou d'autre chose encore?

Existe-t-il un *langage* comique ?

Noguez intitule un article « Structure du langage humoristique »[7], bien qu'il admette aussitôt que l'humour est « quelque chose de mixte. Ni langue, ni parole, c'est-à-dire, mi-langue, mi-parole ». Il y définit « l'humour comme la liaison du signifiant d'un autre signifié avec le signifié d'un autre signifiant », mais on ne peut pas dire que cette contribution aide vraiment à avancer dans la compréhension du comique.

Si le comique touche le matériau linguistique sur toutes ses dimensions et sous tous ses aspects, l'hypothèse qu'il représente un langage à part entière, ou qu'il comporte au moins des éléments linguistiques qui n'apparaîtraient que dans ce discours — hypothèse que l'on a aussi formulée naguère à propos de la fiction — n'est guère plausible. Il n'empêche qu'en mettant en œuvre les différentes distinctions et articulations que la linguistique a décrites et éprouvées depuis Saussure et qui sont autant de leviers qu'elle met à notre disposition pour démonter les mécanismes du phénomène que nous étudions, il est possible de déterminer où précisément intervient le comique, sur quel élément ou à quel niveau d'articulation il porte (infra-linguistique, linguistique, extra-linguistique, méta-linguistique), ce qui est déjà une contribution considérable vu le caractère à la fois complexe et vague du comique[8].

Existe-t-il un *style* comique ?

Le comique serait-il alors assimilable à un style, comme on parle de style «familier», «noble», «grandiloquent», ou à une rhétorique (on envisage ainsi une rhétorique des jeux de mots). Pour Sareil, qui lui a consacré un essai fort intéressant[9], le comique est «écriture», mais ce concept n'est pas plus facile à définir que le comique lui-même.

Quand on examine le comique sous cet angle, on sait que les figures que l'on a décrites ne sont plus comiques une fois qu'elles sont isolées et analysées ; on les retrouve d'ailleurs sous une forme ou une autre dans le discours poétique, argotique, publicitaire, ou même simplement dans les propos incohérents ou fautifs. On est alors amené à sans cesse se demander pourquoi tel procédé qui provoque ici le rire, suscite ailleurs d'autres effets sur le destinataire, notamment le charmer, le convaincre, le rebuter. Il suffit de prendre le simple exemple de la répétition qui représente autant un procédé comique notoire (qui relève du mécanique bergsonnien), qu'une figure de rhétorique classique (anaphore, réduplication, polysyndète), ou encore qu'une faute évidente (pléonasme, tautologie, verbigération). Le Groupe MU, auteur d'une *Rhétorique générale* pourtant structuraliste, conclut également sur «la large indépendance des figures avec leur valeur possible»[10], tandis que la tentative de Cohen de distinguer le comique du poétique reste peu convaincante. Bref, l'analyse rhétorique du comique est indispensable à sa compréhension, mais pas suffisante[11].

Existe-t-il un *genre* comique ?

Peut-on alors dire que le comique est un genre, au même titre que le genre fantastique ou le genre érotique qui sont non seulement attestés par une tradition bien établie, mais aussi reconnaissables par une thématique, une rhétorique, une composition discursive et narrative particulières, ainsi que par des effets caractéristiques qui relèvent, pour Kerbrat-Orecchioni[12] et Schaeffer[13], du perlocutoire et qui à ce titre auraient une valeur générique. Le comique ne peut se prévaloir de tels critères internes : il se présente sous tellement d'aspects différents que l'on serait bien en peine de trouver un dénominateur commun. Si André Jolles compte le trait d'esprit parmi les genres fondamentaux, ses «Formes simples»[14], au même titre que le mythe, la geste, le cas, c'est au niveau de certaines dispositions mentales primordiales qu'il se situe, alors que nous voulons, quant à nous, en rester au niveau du discours.

Quant au critère externe, la «réaction physiologique spécifique et reconnaissable» dont parle Cohen, si elle atteste que le comique représente un acte ou macro-acte de langage, suffit-elle à en faire un genre à part entière comme on le conçoit généralement ? A notre avis, il faut d'abord aborder la question sur d'autres plans, car considérer d'emblée le comique comme un genre reviendrait à commettre une pétition de principe.

Existe-t-il une *littérature* comique ?

L'expression «littérature comique» ne va pas de soi non plus car, selon une certaine tradition philosophique, le comique est une valeur étrangère à l'esthétique, comme si leurs effets se neutralisaient. Effectivement, on dira plus volontiers d'une œuvre comique qu'elle est «réussie» que «belle», tandis qu'une figure de style ratée peut alors devenir comique. On collectionne d'ailleurs les «perles» des grands auteurs comme celles du facteur (Jean-Charles). Jean Cohen a formalisé cette opposition à partir de la notion d'écart que la poésie annule et que le comique accentue. Par contre, littérature et comique partagent, de l'avis des rhétoriciens, l'utilisation ludique du matériau de la langue, et il est parfois difficile de faire le départ devant les textes. Nous n'instruirons cependant pas ici ce débat, aussi intéressant soit-il, ni non plus celui sur le concept de littérature[15]. Plus pratiquement, le terme «littérature», vu son acception normative, limiterait notre champ d'action dans la mesure où le comique peut prendre toute une série de formes qui ne sont pas considérées comme littéraires mais qui méritent pourtant toute l'attention du «comicologue», si l'on peut oser ce néologisme.

Existe-t-il un *régime* comique ?

Ni une littérature, ni un genre, ni un style, le comique ne serait-il alors que ce que Genette appelle un «régime», c'est-à-dire une relation hypertextuelle déterminée (pour mémoire, Genette en distingue cinq autres : les régimes sérieux, polémique, satirique, ironique et ludique), c'est-à-dire une manière particulière de transposer une littérature, un genre ou un style donnés[16]. Dans ce cas, le comique ne pourrait être que parodique, et avant tout parodie du discours sérieux. On voit effectivement très souvent le comique décrit *a contrario* en terme d'écart, de transgression, de dysfonctionnement. Cette conception élémentaire et systématique ne peut pas donner satisfaction, tant au niveau des genres, du style, du langage, que de la fonction du discours dans l'économie des discours en un lieu et à un moment donnés. Tout d'abord, nous ne ne croyons pas que ce soit en dressant l'inventaire de ce qu'il n'est pas que l'on finira par décrire ce qu'est le discours comique. Il ne suffit pas non plus de prendre le contre-pied du sérieux pour qu'il devienne automatiquement comique ; le comique et le sérieux ne s'opposent d'ailleurs pas aussi radicalement pour que l'on puisse dire que l'un soit le négatif de l'autre : il y a des nuances, des compositions, des glissements. Enfin, il est évident pour quiconque a une certaine pratique du comique que ce discours est autant créatif que re-créatif et récréatif, et que s'il est parodique, il ne l'est ni plus ni moins que tout type de discours qui doit inévitablement se constituer, fonctionner, s'instituer en relation avec un contexte intertextuel et architextuel donné.

Finalement, existe-t-il un *discours* comique ?

Quand on entreprend une étude aussi problématique que celle du comique verbal, il faut partir des deux constatations que les différentes propositions que nous venons de juger insatisfaisantes permettent tout de même de faire. La première est que l'on ne pourra jamais rendre compte du comique au moyen de faits isolés, ni grâce à des formes établies, ni non plus à un seul niveau d'analyse, mais seulement en s'efforçant de mettre en relations ces faits, ces formes et ces niveaux. La seconde constatation : que l'on ne pourra jamais décrire les conditions nécessaires et suffisantes à l'apparition du rire, mais seulement des facteurs qui sont favorables à la réussite du comique qui reste relativement indépendant des moyens qu'il utilise. Bref, que la spécificité du comique relève moins d'un code que d'une pratique et d'un projet.

Aussi nous semble-t-il indispensable de reprendre la question du point de vue général mais essentiel de l'activité même du comique, du « dire-pour-rire » ou « dire-pour-faire-rire » ; de s'interroger sur le statut que l'on donne à cette énonciation, aux interlocuteurs de l'interaction comique ; d'analyser ces conditions qui permettent ou provoquent l'actualisation des virtualités drolatiques de l'énoncé. Sous forme de tension entre la motivation et l'effet si difficiles à saisir, c'est l'intentionnalité qui donne leur raison d'être — ici leur finalité comique — aux procédés rhétoriques, intertextuels, interactifs entre les interlocuteurs, pragmatiques, que les multiples approches nous avaient permis de décrire.

En bref, cette pratique discursive singulière, qui se situe entre le modèle générique (interdiscursif) et le rituel socio-langagier (interactif), en quelque sorte les deux versants du «contrat de parole comique», se caractérise par l'interaction énonciative et l'intentionnalité pragmatique, les seules qui, à notre avis, puissent rendre compte de sa spécificité et qui puissent lui conférer un statut de «discours».

Voici donc comment nous pouvons en quelques mots justifier notre projet d'«analyser le discours comique». Il est évident que chacune des questions ici à peine soulevées mériterait une autre argumentation, mais il faut terminer en insistant sur le danger des dérives vers d'autres domaines scientifiques, comme l'histoire littéraire, la neuropsychologie, la sociologie. Ce n'est qu'à la condition d'en garder la maîtrise que les sciences du langage apporteront une contribution significative à l'étude du comique[17].

NOTES

[1] *Le mot d'esprit et ses rapports avec l'inconscient*, Paris, Gallimard, 1930.
[2] *L'écriture comique*, Paris, PUF, 1984.
[3] «Comique et poétique», in *Poétique*, Paris, Seuil, févr. 1985, n° 61, p. 49.
[4] *Le propre de l'homme*, Paris, Hachette, 1985, p. 13.
[5] J. Duvignaud, *ibid*.
[6] Voir notre introduction.
[7] In *Revue d'Esthétique*, 1969-1.
[8] Pour plus de détails, voir notre article «De la spécificité du discours comique», in *Le français moderne*, LXIV-1, 1996, p. 63-76.
[9] *Op. cit.*
[10] Paris, Larousse, 1990, p. 149.
[11] Pour plus de détails, voir notre article «La rhétorique, la sémiotique, le comique», in *Recherches sémiotiques/Semiotic Inquiry*, Université du Québec à Montréal, vol. 14, n° 3, automne 1994.
[12] *L'implicite*, Paris, A. Colin, 1986.
[13] *Qu'est-ce qu'un genre littéraire ?*, Paris, Seuil, 1989.
[14] *Formes simples*, Paris, Seuil, 1972.
[15] Pour plus de détails, voir notre article «La littérature et le comique : le cas Allais», in *Alphonse Allais, écrivain*, éd. J.-M. Defays, L. Rosier, St-Genouph, Nizet, 1997.
[16] *Palimpsestes*, Paris, Seuil, 1983, p. 33 et sq.
[17] Pour plus de détails, voir notre ouvrage *Le comique. Principes, procédés, processus*, Paris, Seuil, 1996.

Ironie et théories du rire : l'enseignement de Schopenhauer et de Bergson

Pierre Schoentjes
Chargé de recherches FNRS, Université de Gand

Le concept d'ironie est redevable à une double tradition, philosophique d'une part, rhétorique de l'autre : la première filiation remonte à Platon et à la maïeutique de Socrate, la seconde à Aristote ainsi qu'à la *Rhétorique à Alexandre*. L'importance de la raillerie, embryonnaire aux origines, s'est accrue au fil du temps, en particulier, suite aux traitements de l'ironie par les rhéteurs latins et la rhétorique de l'époque classique. Pour Dumarsais et Fontanier[1]

> l'ironie consiste à dire par manière de raillerie, tout le contraire de ce qu'on pense ou de ce que l'on veut faire penser aux autres (200)

La définition que donnent leurs *Tropes* influencera durablement la conception de l'ironie en France ; on en prendra pour témoin la définition de Littré qui considère toujours le phénomène comme une « raillerie particulière par laquelle on dit le contraire de ce que l'on veut faire entendre » et qui étend l'importance du non-sérieux pour rendre compte également du sens figuré : « L'ironie du sort, événement malheureux qui semble être une moquerie du destin »[2].

A faire porter l'accent sur la moquerie et la raillerie, l'ironie s'inscrira logiquement dans le cadre des pratiques pouvant se rapporter au rire. L'ironie est dès lors souvent considérée comme «outil de la satire» ou encore comme «procédé comique».

Or, la question se pose ici de savoir si l'ironie s'accommode véritablement du rire. Quelle ironie pour quel rire donc ou, plus probablement, quelle sous-catégorie de l'ironie pour quel sous-rire. Nous centrerons notre recherche autour de deux théories du rire : celle de Schopenhauer d'une part, celle de Bergson de l'autre. L'influence de ces auteurs a en effet été telle que l'on peut légitimement espérer éclairer la problématique à partir de leurs travaux[3]. Dans un second temps notre analyse sera complétée par des observations fournies par Robert Escarpit et par Henri Morier.

La théorie du ridicule développée par Arthur Schopenhauer dans *Le Monde comme volonté* s'articule entièrement autour de l'opposition entre concept et intuition. Dans cette perspective,

> Le rire n'est jamais autre chose que le manque de convenance — soudainement constaté — entre un concept et les objets réels qu'il a suggérés, de quelque façon que ce soit; et le rire consiste précisément dans l'expression de ce contraste. (93)[4]

En d'autres termes,

> l'origine du ridicule est toujours dans la subsomption paradoxale et conséquemment inattendue d'un objet sous un concept qui lui est par ailleurs hétérogène, et le phénomène du rire révèle toujours la perception subite d'un désaccord entre tel concept et l'objet réel qu'il sert à représenter, c'est-à-dire entre l'abstrait et l'intuitif. (772)

Analysant plus en détail les catégories du rire, le philosophe observe que deux mouvements inverses peuvent être à l'origine de la disconvenance : d'une part celui qui va du réel au concept, de l'autre celui qui va du concept au réel; l'«esprit» obéit au premier mouvement, la comédie relève du second. Le plaisir que procure le rire est identique dans les deux cas, il s'explique par le fait que l'intuition sort toujours victorieuse du combat qui l'oppose à l'abstrait de la pensée. La défaite de la pensée s'explique par l'incapacité des concepts à «descendre à la diversité infinie et à la variété de nuance de l'intuition». On voit ainsi clairement que, pour Schopenhauer, tout rire est une victoire des sens sur l'intellect : «C'est [l]e triomphe de l'intuition sur la pensée qui nous réjouit» (779).

Nous retrouvons l'ironie, souvent qualifiée de phénomène intellectuel par excellence, dans le traitement de l'esprit dont on sait maintenant qu'il consiste «à trouver pour tout objet un concept où il puisse entrer, mais qui en réalité désigne des objets absolument différents» (777). L'ironie au sens strict occupe une position extrême :

> Si (...) quelque chose de réel, d'intuitif, est rangé à dessein sous le concept de ce qui en est le contraire, l'ironie alors n'est plus que commune et plate ; ainsi, quand par une forte pluie nous disons : « Voici un temps agréable » ; — quand, à la vue d'une fiancée laide, nous nous écrions : « La belle compagne qu'il s'est choisie là » ; — quand nous disons d'un filou : « Cet homme d'honneur », etc. De telles plaisanteries ne font rire que les enfants et les personnes dépourvues de toute culture ; car ici le désaccord entre le concept et la réalité est absolu. (776)

L'ironie est considérée ici dans l'acception courante qui retient les notions de contraire et de ridicule. Les exemples retenus appartenaient déjà au fond des anciens et ils sont depuis lors devenus des paradigmes de la rhétorique scolaire. Incontestablement, ces phrases font rire. Seulement qui font-elles rire ? Schopenhauer répond : des enfants et des personnes dépourvues de toute culture. C'est marquer nettement que l'ironie n'est alors qu'un forme particulièrement grossière de l'esprit. Elle doit sa lourdeur à l'évidence du procédé dont elle se sert : du moment qu'il s'appuie sur le principe de contrariété, le désaccord entre réalité et intuition n'est plus partiel, il devient absolu.

L'ironie reviendra dans la théorie du rire que propose *Le Monde comme volonté* à l'occasion d'une nouvelle distinction introduite par Schopenhauer. Ces nouvelles observations ont pour cadre le sérieux qui, à l'opposé du rire, tend à « rechercher l'harmonie complète de la réalité et du concept » :

> Si la plaisanterie se dissimule derrière le sérieux, nous avons l'ironie ; ainsi par exemple, quand nous semblons entrer sérieusement dans des idées contraires aux nôtres et les partager avec notre adversaire, jusqu'à ce que le résultat final le désabuse sur nos intentions et sur la valeur de ses propres pensées. Tel était le procédé de Socrate vis-à-vis d'Hippias, de Protagoras, Gorgias et autres sophistes, et généralement vis-à-vis d'un grand nombre de ses interlocuteurs. — Le contraire de l'ironie serait donc le sérieux caché derrière la plaisanterie. C'est ce qu'on appelle l'humour. On pourrait le définir : le double contrepoint de l'ironie. (...) L'ironie est objective, combinée en vue d'autrui ; l'humour est subjectif, visant avant tout notre propre moi. (...) L'ironie commence par une physionomie grave et finit par un sourire ; l'humour suit une marche opposée. (781-782)

Cette seconde analyse est capitale. L'ironiste n'est plus ici quelque joyeux drille cherchant à faire rire des enfants, c'est Socrate devant les sophistes. Or, il a rarement fait rire ces derniers, pas beaucoup plus en tous cas que Platon ne provoque l'hilarité de ses lecteurs.

L'écart à l'ironie évoquée en premier lieu par Schopenhauer se mesure aisément : la plaisanterie n'est plus de même nature. Si l'on peut dans un jugement bref s'opposer par l'énoncé du contraire, la chose devient impossible à partir du moment où il s'agit d'une dialectique portant sur des idées complexes. Sous une forme légèrement différente, le même problème se retrouve dans le célèbre *Essai sur la signification humaine du comique*.

Henri Bergson aborde l'ironie dans son chapitre sur le « Comique des mots »; le paragraphe qu'il consacre au phénomène s'inscrit dans le prolongement[5] d'une règle selon laquelle « on obtiendra un effet comique en transposant l'expression naturelle d'une idée dans un autre ton ». Après avoir noté que l'éventail des possibilités du comique par transposition s'étend de « la plus plate bouffonnerie jusqu'aux formes les plus hautes de l'humour et de l'ironie », l'auteur définit la parodie comme la transposition du familier en solennel. Il fait observer à cette occasion que les théories qui expliquent le comique par la dégradation se trompent dans la mesure où le mouvement inverse, celui qui va du solennel au familier, aboutit à un comique meilleur même.

Deux formes de comique obéissent à cette transposition, l'une « porte sur la grandeur des objets [, l'autre] sur leur valeur ». Le jeu sur la grandeur consiste à « parler des petites choses comme si elles étaient grandes, c'est d'une manière générale, exagérer ». Si ce n'est qu'une forme de comique, elle est très frappante, et « a donné naissance au poème héroïcomique ». C'est d'ailleurs par ce côté-là, poursuit Bergson, qu'un comportement comme la vantardise peut faire rire.

Bergson instaure explicitement une gradation dans les genres du comique et un nouvel échelon est gravi quand la transposition de bas en haut ne s'applique plus à la grandeur mais à la valeur des choses. L'opération est alors « [p]lus artificielle, mais plus raffinée aussi » :

> Exprimer honnêtement une idée malhonnête, prendre une situation scabreuse, ou un métier bas, ou une conduite vile, et les décrire en termes de stricte *respectability*, cela est généralement comique. Nous venons d'employer un mot anglais : la chose elle-même, en effet, est bien anglaise. On en trouverait d'innombrables exemples chez Dickens, chez Thackeray, dans la littérature anglaise en général. Notons-le en passant : l'intensité de l'effet ne dépend pas ici de sa longueur. Un mot suffira parfois, pourvu que ce mot nous laisse entrevoir tout un système de transposition accepté dans un certain milieu et qu'il nous révèle, en quelque sorte, une organisation morale de l'immoralité. (96)

Le terme attendu n'est pas encore prononcé mais le lecteur comprend néanmoins que l'ironie est proche : la référence générale à l'Angleterre et le choix particulier des auteurs induisent à penser que c'est bien le phénomène auquel pense ici Bergson. Le mot n'apparaît pas parce que le comique envisagé ici se restreint à un thème — il convient de comprendre « moral » sous « valeur » —davantage qu'à un procédé. L'écart que la transposition doit franchir — de l'immoralité au moral — est trop grand et le philosophe entend réserver certaines étiquettes à la description de phénomènes plus discrets. En effet, il n'a été question jusqu'à présent que de « termes de comparaison extrêmes, le très grand et le très petit, le meilleur et le pire, entre lesquels la transposition peut s'effectuer dans un sens ou un autre » :

> Maintenant, en resserrant peu à peu l'intervalle, on obtiendrait des termes à contraste de moins en moins brutal, et des effets de transposition comique de plus en plus subtils.
>
> La plus générale de ces oppositions serait peut-être celle du réel à l'idéal, de ce qui est à ce qui devrait être. Ici encore la transposition pourra se faire dans deux directions inverses. Tantôt on énoncera ce qui devrait être en feignant de croire que c'est précisément ce qui est : en cela consiste l'ironie. Tantôt, au contraire, on décrira minutieusement ce qui est, en affectant de croire que c'est bien là ce que les choses devraient être : ainsi procède souvent l'humour. L'humour, ainsi définie, est l'inverse de l'ironie. Elles sont l'une et l'autre, des formes de la satire, mais l'ironie est de nature oratoire, tandis que l'humour a quelque chose de plus scientifique. On accentue l'ironie en se laissant soulever de plus en plus haut par l'idée de ce qui devrait être : c'est pourquoi l'ironie peut s'échauffer intérieurement jusqu'à devenir, en quelque sorte, de l'éloquence sous pression. On accentue l'humour, au contraire, en descendant de plus en plus bas à l'intérieur du mal qui est, pour en noter les particularités avec une plus froide indifférence. (96-97)

On remarque clairement chez Bergson, comme précédemment chez Schopenhauer, que les différentes catégories du rire s'accompagnent invariablement de jugements de valeurs. Plus le désaccord entre concept et intuition était grand, plus les termes de la transposition seront extrêmes, plus le rire sera vulgaire. De même que l'ironie au sens strict — l'ironie antiphrastique — était condamnée dans *Le Monde comme volonté* au profit de procédés moins lourds, de même *Le Rire* reconnaît ici des techniques plus fines.

L'ensemble du paragraphe évoque d'ailleurs très fortement certaines pages de Schopenhauer et la tentation est grande de voir ici un point de rencontre entre les deux philosophes. Néanmoins, il convient peut-être de résister à ce désir d'assimilation quand bien même nous observons que dans son analyse de l'ironie, Bergson a recours à un cadre explicatif qui rappelle Schopenhauer.

L'opposition de « réel à l'idéal » paraît doubler celle qui sépare, dans *Le Monde comme volonté*, le « concept et l'objet réel » ou, selon une autre formulation, « l'abstrait et l'intuitif ». Seulement, on s'aperçoit que Schopenhauer désigne par « concept » l'abstraction que réalise l'intelligence pour l'opposer à la réalité telle que l'appréhendent les sens; l'« idéal » de Bergson, lui, n'est pas qu'une opération intellectuelle, c'est aussi un jugement moral. L'idéal pour l'auteur du *Rire*, c'est bien, comme il l'écrit dans le passage cité, « ce qui devrait être ».

La reconnaissance de cette première différence conduit à porter un regard attentif sur l'opposition, identique en apparence, entre comique et humour. Quand on lit dans Bergson que «L'humour (...) est l'inverse de l'ironie», Schopenhauer revient en mémoire : «[le] contraire de l'ironie (...) [c]'est ce qu'on appelle l'humour. On pourrait le définir : le double contrepoint de l'ironie». Néanmoins les critères qui opposent les deux phénomènes diffèrent clairement puisque pour Schopenhauer :

– L'ironie, c'est la plaisanterie cachée derrière le sérieux ;

– L'humour, c'est le sérieux caché derrière la plaisanterie ;

tandis que pour Bergson :
– L'ironie, c'est énoncer ce qui devrait être en feignant de croire que c'est précisément ce qui est ;
– L'humour, c'est décrire minutieusement ce qui est, en affectant de croire que c'est bien là ce que les choses devraient être.

On reconnaît qu'il n'y a guère de véritable point de rencontre entre les deux modes de représentation de l'opposition entre ironie et humour, il y en a moins encore dès lors qu'on s'efforce de combiner la distinction entre humour et ironie avec le commentaire que Schopenhauer consacrait à l'ironie au sens strict. Ainsi, l'ironie serait, aux yeux de l'Allemand, une plaisanterie cachée derrière le sérieux, plaisanterie qui devient grossière à partir du moment où l'ironiste énonce le contraire de sa pensée. Seulement, à la différence de celui qui désigne par les mots «belle compagne» un laideron de fiancée, Socrate n'énonce pas le contraire de sa pensée mais, plus généralement, il exprime des propos en contradiction avec ses opinions.

Définissant l'ironie, Bergson a en mémoire les exemples traditionnels de la rhétorique : le blâme par la louange et les modèles que signalait aussi Schopenhauer. Dans un monde idéal, une fiancée se doit d'être jolie et, en faisant observer au sujet d'une personne que la nature n'a pas favorisée : «La belle compagne qu'il s'est choisie là», l'ironiste feint de croire ce qui n'est pas.

Quand Bergson accorde à l'humour un degré de subtilité supérieur c'est parce que, contrairement à Schopenhauer qui reconnaissait de l'ironie à Socrate, il a la maïeutique à l'esprit. Qui d'autre sinon le philosophe athénien décrit «minutieusement ce qui est, en affectant de croire que c'est bien là ce que les choses devraient être» et cherche ainsi à mieux détromper ses interlocuteurs ? On peut d'ailleurs reconnaître aisément Socrate dans le portait que Bergson brosse, non pas de l'ironiste, mais de l'humoriste. Derrière le masque du chirurgien, on reconnaît l'accoucheur :

> [c]'est un moraliste qui se déguise en savant, quelque chose comme un anatomiste qui ne ferait de la dissection que pour nous dégoûter ; et l'humour, au sens restreint où nous prenons le mot, est bien une transposition du moral en scientifique. (98)

Conformément à la double tradition à laquelle elle est redevable, l'ironie, telle qu'elle se dessine à la lecture de nos deux philosophes, se trouve écartelée entre l'antiphrase et la maïeutique, entre un rire vulgaire et un sourire philosophique. C'est la valeur illustrative de l'ironie au sens strict qui pousse les auteurs de théories du rire à commenter l'ironie et à se pencher sur les exemples dont le paradigme serait celui de la « belle » fiancée. Schopenhauer en est parfaitement conscient qui écrit que les remarques ironiques de ce genre, « justement à cause de leur caractère lourd et exagéré » :

> [...] ont l'avantage de faire ressortir clairement cet élément fondamental de tout rire, la divergence entre l'idée et l'intuition. (776)

Kierkegaard, que le rire ne préoccupe pas au premier chef, notera, dans une perspective tout à fait semblable à celle de Schopenhauer, la valeur paradigmatique des énoncés antiphrastiques :

> la rhétorique se sert souvent d'une figure nommée ironie, reconnaissable à ce qu'elle exprime le contraire de ce que l'on pense. Nous avons déjà là une définition commune à toute ironie, à savoir que le phénomène n'est pas l'essence, mais le contraire de celle-ci. (223)[6]

L'ironie rhétorique permet de résumer de façon économique un des concepts indispensables aux théories du rire : celui de la contradiction. Souvent, en outre — mais il s'agit d'une question que nous n'aborderons pas ici —, la supériorité de l'ironiste pourra servir à cautionner un autre principe fondateur des approches du rire : celui de la dégradation.

Compte tenu des vertus pédagogiques de l'ironie, on ne s'étonnera pas de constater que Robert Escarpit placera l'ironie non plus en opposition à l'humour, mais en son centre même. C'est l'ironie, en effet, qui « brise l'étreinte des évidences »[7] de sorte qu'il convient de reconnaître dans le « paradoxe ironique » — indistinct du « paradoxe humoristique » —, le « premier temps de l'humour ». Il est « obtenu par la mise en contact soudaine du monde quotidien avec un monde délibérément réduit à l'absurde » (89-90).

Si l'ironie est un premier mouvement, l'humour à proprement parler réside dans le mouvement qui s'enchaîne :

> L'humoriste invite son lecteur à [un] « rebondissement » hors de l'absurde par des indications plus ou moins subtiles, parfois implicites, mais qui, créant une complicité

d'homme à homme, ne sont intelligibles que dans un groupe social donné, ce qui impose à l'humour un deuxième niveau de «localisation» humaine.

Tel est le deuxième temps de la dialectique de l'humour. (92)

Escarpit précise que c'est avec cette réponse seulement que «commence vraiment le domaine de l'humour, celui qui corrige l'ironie destructrice par un clin d'œil complice» (115) :

> Le joyeux et sociable humoriste dissimule sa vraie nature sous un masque morose, mais, le moment venu, la saillie qu'il lance avec un clin d'œil complice, comme une petite lumière dans les ténèbres, relève sa malice, sa gentillesse et crée entre lui et ses lecteurs un lien affectif. (74)

L'ironie naît du contraste entre l'apparence et la réalité, entre le masque et le visage, et elle est à même de donner l'impulsion première à l'humour dans l'exacte mesure où elle se

> [...] traduit toujours par la suspension d'une ou plusieurs évidences dans un comportement par ailleurs normal, c'est-à-dire conforme aux règles du groupe. (94)

Dès lors que l'apparence ne recouvre pas la réalité, que l'anormal fait son entrée dans la normalité, l'ordre du monde se trouve bouleversé. Cette contradiction fondamentale qui accompagne le rire explique pourquoi Escarpit choisit de situer l'ironie au centre de son analyse. Mais la position centrale accordée à l'ironie ne doit pas occulter que c'est à l'humour, conçu comme un dépassement de l'ironie, que va la sympathie de l'auteur. Si le jugement de valeur est implicite, il n'en est pas moins présent.

Escarpit évite en outre d'avoir recours à l'antiphrase comme mode d'explication privilégié et les exemples qu'il situe à la «naissance de l'ironie» ne sont jamais vulgaires. On en jugera par ce dialogue :

— Papa, pourquoi sont-elles rouges, les prunes noires?
— Parce qu'elles sont vertes. (95)

En raison de la richesse des exemples sur lesquels il se base — Swift, pour l'essentiel —, il est d'ailleurs amené à privilégier le «paradoxe ironique» plutôt que la notion habituelle d'«ironie» comprise dans son sens scolaire. «Ironique» ou «humoristique» ne sont plus alors que des qualificatifs qui glosent «paradoxe». Libérée ainsi des exemples «vulgaires» auxquels Schopenhauer se référait alors même qu'il les condamnait, l'analyse d'Escarpit peut rendre plus aisément compte de l'ironie socratique.

C'est ainsi qu'il distingue d'une part une ironie «simple», «pour ainsi dire ponctuelle», à laquelle s'oppose «l'ironie globale des grandes naivetés philosophiques (...). La plus vénérables de ces ironies — l'ironie éponyme — est celle de Socrate » (97). Alors que Schopenhauer ne pouvait pas dire que les paroles de Socrate étaient contraires à sa pensée, Escarpit, lui, peut parler légitimement d'une parole et d'une pensée paradoxales. Il l'affirmera même d'autant plus confortablement qu'il ne cherche pas, contrairement à Schopenhauer et à Bergson, à construire une théorie du rire. Rire qui, nous l'avons déjà fait observer, ne résonne pas très clair dans Platon.

Ce n'est pas la moindre des ironies d'observer que les théoriciens du rire se trouvent, eux aussi, confrontés à un paradoxe — qui n'a rien de comique — quand ils désirent établir la place qu'il convient d'attribuer à l'ironie. Schopenhauer et Kierkegaard s'excusaient déjà d'avoir recours à l'ironie rhétorique, traditionnellement basée sur l'antiphrase. S'il se permettaient de retenir des exemples aussi grossiers, c'était en s'excusant et uniquement dans le but d'illustrer plus parfaitement l'essentiel de leurs propos.

Dans les commentaires consacrés, au-delà du rire, aux signaux de l'ironie, le rejet des indices trop marqués est une constante. Ainsi, Beda Alleman[8] note que l'ironie est d'autant plus ironique « qu'elle sait renoncer plus complètement aux signaux d'ironie, sans abandonner sa transparence » :

> [...] le degré de l'effet ironique obtenu par un texte est inversement proportionnel à la dépense de signaux nécessités par l'obtention de cet effet. Le texte ironique idéal sera celui dont l'ironie peut être présupposée en l'absence complète de tout signal. (393)

Linda Hutcheon[9] ne dit d'ailleurs rien d'autre quand elle fait remarquer que :

> [...] c'est l'absence d'indices trop insistants qui caractérise l'ironie la plus subtile. L'ironie est à son plus efficace quand elle est la moins présente. (153)

Or, le rire, dont Nietzsche disait quelque part qu'il était ce qu'il y avait de plus vulgaire dans l'homme, ce rire constituera une réponse disproportionnée à une ironie subtile, réaction toujours inadéquate parce que trop violente. C'est pourquoi d'ailleurs Jean Paul[10], dans son *Vorschule der Aesthetik*, excluait le rire du domaine de l'ironie en faisant observer que l'ironie la meilleure est toujours la plus froide et que la doubler du rire, c'est l'encombrer à la façon d'une pantomime à laquelle on aurait joint « des sons désagréables et inutiles ».

Le paradoxe apparaît clairement : si l'ironie est bien le moyen le plus économique pour illustrer le principe de contrariété inhérent au rire, le phénomène ne fait rire que dans ses manifestations les plus grossières. La meilleure ironie ne fait jamais rire. En recourant à l'ironie pour des raisons de démonstration, les auteurs des théories du rire rendent nécessairement bancale leur approche en se heurtant à cette impossibilité : soit l'ironie cesse de faire rire, soit elle cesse d'être ironique.

Le paradoxe s'éclaire pour celui qui se souvient des conceptions distinctes auxquelles l'ironie est redevable : celle qui relève de la tradition rhétorique et celle qui relève de la tradition philosophique. Nous avons développé ailleurs[11] le détail de ces filiations ; aussi se contentera-t-on ici d'un rappel succinct de l'opposition entre ce que nous avons nommé « ironie-simulation » et « ironie-dissimulation ».

L'ironie-simulation est cette ironie que cherchaient à définir les rhéteurs et que condamne Schopenhauer. Elle est caractérisée par la relation de contrariété : l'ironiste veut faire entendre le contraire de ce qu'il dit. La contrariété retenue comme critère premier entraîne pour la conception de ce type deux conséquences importantes. Premièrement, il s'agit d'un type d'ironie locale. Il n'y a en effet que les mots isolés qui puissent être affectés par ce rapport ; plus particulièrement des qualificatifs exprimant un jugement de valeur. Deuxièmement, cette forme d'ironie est ouverte, celui qui l'énonce ne cherche pas à cacher son ironie et les auditeurs n'auront guère de mal à la percevoir. C'est une ironie grossière car elle prend appui sur l'écart maximum sur lequel peut jouer le phénomène : le contraire sera en effet toujours reconnu comme incompatible avec la situation de discours. Cette ironie-là fait rire.

L'ironie-dissimulation se rattache à la tradition philosophique et à la figure de Socrate et elle ne fait pas rire, mais plutôt sourire. Elle se caractérise essentiellement par le rapport de contradiction : ce que l'ironiste cherche à faire comprendre est en contradiction avec ses propos. Il est dit « autre chose » que ce qui est exprimé à première vue et la signification qui doit être inférée est en opposition avec la signification apparente. De même que la relation de contrariété influence la conception de l'ironie-simulation, la relation de contradiction influence celle d'ironie-dissimulation. Premièrement, ce type d'ironie n'est plus limité au mot, il s'agit donc d'une ironie diffuse En effet, si la relation de contrariété ne peut être étendue, celle de contradiction peut s'observer dans des portions de texte beaucoup plus importantes, voire dans des textes entiers. Deuxièmement, la relation de contradiction permet une gradation presque infinie dans l'écart que l'ironie instaure entre les significations : une contradiction minime peut suffire à faire surgir l'ironie. Plus difficile d'accès donc en raison de la subtilité de l'écart, l'ironie-dissimulation est une ironie couverte dont la compréhension exigera un effort accru de la part du décrypteur.

L'ironie-simulation est une feinte qui se donne pour ce qu'elle est, une apparence fausse, l'ironie-dissimulation, au contraire, est une feinte qui cherche à cacher sa nature trompeuse sous des dehors de sincérité. Elle est véritablement dissimulatrice alors que l'ironie qui se base sur la notion de contraire n'est que simulatrice.

Toute relation de contrariété étant d'abord relation de contradiction, les deux types d'ironie ne sont donc pas absolument distincts : l'ironie-dissimulation inclut l'ironie-simulation et l'on pourrait dire dans cette perspective que le premier type est, sous le rapport de la simulation, une réalisation imparfaite du second. En outre, il n'existe pas de frontière nettement marquée entre les deux ironies, mais un continuum : la dissimulation de l'ironie peut-être en effet quelquefois si grossière qu'elle se rapproche de l'ironie-simulation.

On observera que la distinction entre ces deux types d'ironie permet d'expliquer le statut particulier de l'ironie dans les théories du rire. Quand Schopenhauer veut rendre compte du rire il choisit des exemples qui répondent à la définition de l'ironie-simulation mais il se tourne vers l'ironie-dissimulation dès qu'il entend aborder des phénomènes plus subtils.

Alors même que Bergson ne propose pas les exemples vulgaires et évite de parler de la relation de contrariété, il s'inscrit dans la tradition rhétorique et, partant, dans l'ironie-simulation en choisissant de définir l'ironie à travers le blâme par la louange. Son humour, avec sa «froide indifférence» qui décrit «minutieusement ce qui est, en affectant de croire que c'est bien là ce que les choses devraient être», a clairement partie lié avec l'ironie-dissimulation.

Si Escarpit est à même d'éviter l'écueil auquel se heurte Schopenhauer et Bergson et qui consiste à expliquer la subtilité de Socrate à partir de la grossièreté de la «belle» fiancée, c'est parce que son humour se soucie moins du rire que du sourire. Son «paradoxe» a une généralité suffisante pour englober Socrate et la belle, même si le qualificatif «ironique» induit à penser qu'il reconnaissait, lui aussi, encore quelque primauté à l'ironie-simulation.

On trouvera une dernière confirmation de notre analyse dans le *Dictionnaire de poétique et de rhétorique* d'Henri Morier[12] qui réserve une place importante à l'ironie. L'auteur distingue d'une part l'ironie d'opposition — qu'il désignera ensuite simplement par le terme «ironie» —, de l'autre, l'ironie de conciliation qu'il nommera humour. Toutefois, aucune définition n'est donnée qui subsume les deux catégories et qui justifierait le regroupement des deux phénomènes sous l'entrée «ironie».

Voici en quoi consiste, selon Morier, l'ironie d'opposition :

> L'ironie est l'expression d'une âme qui, éprise d'ordre et de justice, s'irrite de l'inversion d'un rapport qu'elle estime naturel, normal, intelligent, moral et qui, éprouvant une envie de rire dédaigneusement à cette manifestation d'erreur ou d'impuissance, la stigmatise d'une manière vengeresse en renversant à son tour le sens des mots (antiphrase) ou en décrivant une situation diamétralement opposée à la situation réelle (anticatastase). Ce qui est une manière de remettre les choses à l'endroit.
>
> Un enfant revient crotté de l'école ! «Tu es propre !» lui dit sa mère en colère. Et cela signifie que l'état considéré comme normal, la propreté, est loin d'être réalisé : l'antithèse mesure la distance de la réalité à l'idéal. Dire «tu es propre» n'est pas ironique en soi : ces paroles pourraient correspondre à la réalité. C'est le divorce de la situation et du langage correspondant qui force l'auditeur à résoudre par l'ironie le rapport du signe à l'objet : sinon la phrase resterait disjointe du réel et inintelligible. (578)

Il n'est pas besoin de longues démonstrations pour vérifier que ces paragraphes s'inscrivent clairement à la suite des analyses de Bergson. Morier a choisi de paraphraser puis d'illustrer la définition générale du blâme par la louange qu'avançait *Le Rire*. C'est d'ailleurs toujours Bergson qu'il prend pour modèle à l'occasion des remarques consacrées à l'ironie de conciliation — lisons humour :

> L'humour est l'expression d'un état d'esprit calme, posé qui, tout en voyant les insuffisances d'un caractère, d'une situation, d'un monde où règnent l'anomalie, le non-sens, l'irrationnel et l'injustice, s'en accommode avec une bonhomie résignée et souriante ; il garde une sympathie sous-jacente pour la variété, l'inattendu et le piquant que l'absurde mêle à l'événement. Il feint donc de trouver normal l'anormal. Il soutient paradoxalement, avec un sérieux apparent et tranquille (flegme) que les situations aberrantes qu'il décrit n'ont rien que de très naturel. Il fait semblant d'approuver les écarts, de les justifier à l'occasion. Sa peinture, discrètement exagérée ou légèrement en retrait sur les points les plus irrationnels, fait entrevoir un anti-monde utopique, qui serait le monde de l'ordre et de l'intelligence. Nous dirons qu'il peint par catastase, c'est-à-dire par une représentation — souriante et tendancieuse, certes — de la situation réelle : l'humour, à l'encontre de l'ironie, ne renverse pas antiphrastiquement les sens des mots. Il ne dit pas à l'enfant crotté, d'un ton de colère, «Tu es propre !»; il dit bien gentiment : «Hé ! hé ! Tu n'as pas tout à fait tort... Les bains de boue sont un bienfait pour la santé... Mais ta technique n'est pas encore au point. Je vais te montrer comment répartir la glaise uniformément, sans laisser une seule place nette... Regarde !...» (604)

Dans l'opposition entre ironie et humour telle que la décrit Morier se retrouvent plusieurs caractéristiques que nous avons détaillées lors de l'esquisse de la distinction entre l'ironie-simulation et l'ironie-dissimulation. Du côté de l'ironie nous retrouvons :

– la notion de contrariété : l'antiphrase ;

– un phénomène localisé : un seul mot ;

– l'accès facile : l'un enfant comprendra qu'on le corrige.

Du côté de l'humour s'observe :
- le rejet de la notion d'antiphrase au profit d'une notion d'opposition plus générale ;
- un phénomène plus diffus qui prend davantage de place : un mot ne suffit plus et l'exemple s'allonge ;
- un accès plus difficile : l'enfant comprendra moins vite.

Le rire, bien sûr, est attribué à l'ironiste, tandis que c'est le sourire qu'on voit se dessiner sur les lèvres de l'humoriste.

Les problèmes liés aux filiations rhétoriques et philosophiques et à la confusion entre ironie-simulation et ironie-dissimulation se retrouvent clairement dans les commentaires que Morier consacre à Socrate. Respectueux de la tradition terminologique qui parle toujours d'« ironie socratique » et jamais d'« humour socratique », Morier consacre une page entière à la maïeutique de Socrate sous la rubrique « Ironie ». Néanmoins, quiconque a en mémoire l'évocation de l'attitude mentale de l'ironiste avancée par le *Dictionnaire* s'apercevra que le caractère de Socrate et sa dialectique s'accordent fort mal avec cette définition.

En effet, c'est bien davantage le caractère de l'humoriste qui correspond à l'attitude du philosophe. Morier en est conscient de sorte qu'il sera forcé de revenir, au septième paragraphe de son analyse de l'humour, à l'ironie socratique :

> Le point de départ de l'humour est dans la feinte naïveté ; telle est donc la situation morale de Socrate. Et l'on a sans doute tort de parler à son sujet d'ironie. C'est le terme humour qui conviendrait. (609)

On nous permettra d'en douter et de souligner que jamais on n'expliquera Socrate ni mêmes les prunes noires, à partir de la belle fiancée. Qui veut échanger la rhétorique du rire pour une herméneutique du sourire doit suivre la démarche inverse et s'attaquer au problème à partir du principe de contradiction de l'ironie-dissimulation.

NOTES

[1] Dumarsais-Fontanier, *Les tropes*, Genève, Slaktine, 1967 (reprints), t. II.

[2] Littré, E., *Dictionnaire de la langue française*, Paris, Gallimard/Hachette, 1958, t. 4.

[3] On trouvera une analyse générale de leurs travaux dans Sprigge, Timothey L.S., «Schopenhauer and Bergson on Laughters» [in] *Comedy, Irony, Parody, Comparative Criticism, an annual Journal*, 10, p. 39-65.

[4] Schopenhauer, A., *Le monde comme volonté et comme représentation*, traduit par A. Burdeau, Paris, PUF, 1966.

[5] Nous résumons Bergson, H., *Le rire, essai sur la signification du comique*, Paris, PUF, 1962, p. 93-97.

[6] Kierkegaard, S., *Le concept d'ironie constamment rapporté à Socrate*, traduit par P. Tisseau et E.M. Jacquet-Tisseau, Paris, L'Orante, 1975.

[7] Escarpit, R., *L'humour*, Paris, PUF, 1987, p. 94.

[8] Alleman, B., «De l'ironie en tant que principe littéraire» [in] *Poétique 36*, 1978.

[9] Hutcheon, L., «Ironie et parodie : stratégie et structure» [in] *Poétique 36*, 1978.

[10] Richter, J.-P., *Poétique ou Introduction à l'esthétique* (Vorschule der Aesthetik), traduit par L. Dumont et A. Buchner, Paris, VIII, § 37, p. 343.

[11] Schoentjes, P., *Recherche de l'ironie et ironie de la Recherche*, Gand, Universa (Werken uitgegeven door de faculteit van de letteren en wijsbegeerte, 180), p. 19-63.

[12] Morier, H., *Dictionnaire de poétique et de rhétorique*, Paris, PUF, 1981.

Verbal, paraverbal et non-verbal dans l'interaction verbale humoristique

Jean-Charles Chabanne
IUFM de Montpellier

INTRODUCTION

L'approche linguistique de l'humour verbal, conformément à l'épistémologie de la discipline, a souvent abordé l'*énoncé humoristique* comme un *objet statique*. Cette approche privilégie délibérément le matériel sémiotique « traditionnel » de la linguistique (phonétique, syntaxe, lexique) et s'appuie sur la *manifestation écrite* de ce matériel. Des travaux plus récents se sont efforcés d'enrichir le modèle classique en prenant en compte les phénomènes sémiotiques spécifiques de l'*énonciation*, de l'*oral*, ou plus largement encore de l'*interaction verbale*. C'est le cas en particulier de l'approche interactionniste telle qu'elle est présentée par C. Kerbrat-Orecchioni dans *Les interactions verbales* (1990, 1992, 1994).

Cette approche présente un intérêt théorique et méthodologique : en élargissant le point de vue linguistique, elle permet de prendre en compte dans le modèle du processus interprétatif des faits sémiotiques qui, jusque là, restaient ignorés ou plutôt négligés. C'est ainsi que les ressorts de l'humour verbal ne se limitent pas aux niveaux phonétique, syntaxique et lexical, et que d'autres signaux peuvent très efficacement transformer un énoncé quelconque en énoncé humoristique. Ce point de vue élargi permet de montrer comment le matériel linguistique enregistre les traces d'une activité de coopération permanente entre locuteur et auditoire, coopération indispensable à l'ajustement délicat de l'échange humoristique. Ces traces intéressent tous ceux qui collectent des données en vue de construire des modèles explicatifs socio-psychologiques ou psycho-cognitifs.

LE MATÉRIEL VERBAL

Le matériel verbal n'est pas un donné brut : c'est l'objet que la linguistique s'est construit au cours de sa propre histoire. Bien entendu, les linguistes travaillent à partir d'un matériau empirique, à savoir les signes vocaux ou écrits que produisent les membres d'une même communauté. Mais ce matériau brut est modélisé par la théorie linguistique qui ne retient que certaines données parmi celles qui sont matériellement disponibles. Le modèle linguistique « classique » a élaboré prioritairement trois types d'objets théoriques : au niveau phonologique (constituants élémentaires), au niveau morpho-syntaxique (les règles d'assemblage), au niveau lexical (où se fait le lien avec toutes les disciplines intéressées par la *sémantique*).

Bien entendu, cette présentation est rudimentaire. Je voudrais seulement rappeler que ce cadre épistémologique est par conséquent celui de la linguistique de l'humour. L'approche linguistique de l'humour se propose d'identifier les propriétés spécifiques du matériel verbal humoristique :

– au niveau des phonèmes, on va décrire tous les procédés humoristiques qui utilisent des identités, des permutations, des ressemblances entre unités phonologiques pour produire ce qu'on appelle généralement les jeux de mots ou les calembours (voir, par exemple, 1983 et Attardo, 1994, chap. 3);

– au niveau syntaxique, on va décrire des utilisations humoristiques de l'ambiguïté, des constructions doubles, des segmentations irrégulières, des pseudo-erreurs de construction, etc.

– au niveau lexical, on va décrire l'utilisation de la polysémie, du double-sens, d'absurdité, de rupture de registre, etc.

Ces trois niveaux constituent le noyau du modèle linguistique : il a été enrichi dans d'autres directions, comme, par exemple, la dimension énonciative, la dimension pragmatique, la dimension textuelle, la dimension sémantique, etc. Il n'en reste pas moins fondé sur l'observation de faits de langue qui peuvent être enregistrés par l'écrit : ces faits constituent ce qu'on appelle le **matériel verbal**.

MATÉRIEL ORAL / MATÉRIEL ÉCRIT

Il faut bien garder à l'esprit que ce matériel n'est pas un produit brut de l'observation, mais qu'il est déjà mis en forme par les procédures d'observation et d'enregistrement des productions verbales. C'est un matériel partiellement construit après sélection et élaboration. On peut donner l'exemple du niveau phonématique : le phonème, dans son sens précis, n'est pas une réalité articulatoire ou acoustique qui puisse être identifiée uniquement par des propriétés intrinsèques. C'est une réalité abstraite définie par des relations différentielles, c'est sur le plan psychologique un schème perceptif et sur le plan théorique un concept. On pourrait en dire autant du « mot » : l'unité lexicale ne s'isole pas d'elle-même, mais résulte d'une procédure d'analyse. Le sens qu'on lui attribue n'est pas une propriété de l'unité elle-même, mais bien du lexique comme système de relations sémantiques. Etc.

Plus précisément encore, ce matériel verbal est *sélectif*. En effet, il existe deux manifestations matérielles du langage articulé extrêmement différentes : l'écrit et l'oral. Le *matériel verbal* qu'utilise la linguistique de l'humour est très largement indépendant de son mode de manifestation. Il est ce qui apparaît commun à l'écrit et à l'oral : il est constitué de tous les éléments de l'énoncé oral qui peuvent être transcrits par écrit.

Une conséquence de la neutralisation des différences entre écrit et oral est celle-ci : si un énoncé oral possède des propriétés structurelles remarquables, celles-ci sont considérées comme inaltérées par la transcription. Inversement, les propriétés remarquables d'un énoncé écrit ne sont pas altérées par son oralisation. Cette équivalence postulée a une importance pour l'étude linguistique de l'humour. Pour des raisons pratiques, essentiellement parce que les travaux scientifiques sont diffusés par la voie de l'écrit, et aussi parce qu'il est plus aisé de travailler sur des transcriptions que sur des enregistrements audio ou vidéo, les travaux de linguistique de l'humour ont essentiellement utilisé le matériel verbal sous sa forme écrite, même quand il s'agissait d'étudier des phénomènes essentiellement articulatoires et acoustiques (comme les calembours).

Nous voudrions montrer que l'utilisation dominante de transcriptions écrites des énonciations humoristiques a pour effet, volontaire ou involontaire, de laisser dans l'ombre un certain nombre de phénomènes linguistiques importants, qui accompagnent la production d'humour ou, mieux encore, qui la constituent[1]. Ces phénomènes ne sont présents qu'à l'oral : mais n'est-ce pas à l'oral que nous faisons le plus souvent l'expérience de l'humour verbal ? Il semble bien que la plupart des formes de l'humour verbal étudiées par les linguistes (en particulier les blagues, les histoires drôles, les plaisanteries, les jeux de mots) existent originellement à l'oral, et que leur transcription n'est que secondaire. L'efficacité humoristique de tels énoncés semble atteindre son maximum en situation d'interlocution directe. Or, la manifestation orale du langage articulé présente des phénomènes propres, que l'écrit ne note pas, dont on peut se demander quel est le rôle dans la réussite de l'interaction verbale humoristique.

LE MATÉRIEL PARAVERBAL[2]

Nous allons ici étudier de plus près la différence entre manifestation écrite et manifestation orale de l'humour verbal. Le passage de l'oral à l'écrit n'est pas simplement un changement de support physique, mais il a aussi des conséquences méthodologiques, dans la mesure où une partie des phénomènes présents lors d'une énonciation orale sont absents de l'écrit.

Dans le domaine qui nous intéresse, on peut montrer que ces phénomènes jouent un rôle dans la production et la gestion de l'effet humoristique des énonciations. On peut même dire qu'étant donné le degré de complexité des processus en jeu, l'humour verbal sollicite des signaux linguistiques d'une grande finesse, qui peuvent passer inaperçus dans la communication orale ordinaire, soit parce qu'ils sont secondaires, soit parce qu'ils sont redoublés par d'autres.

Dans la communication orale, la production de signaux vocaux discrets (les phonèmes) est accompagnée d'autres signaux que la transcription écrite n'enregistre pas, ou qu'elle n'enregistre que très indirectement. C'est l'ensemble de ces signaux accompagnant l'articulation du matériel verbal qu'on appelle le **matériel paraverbal**. Une distinction rudimentaire entre verbal et paraverbal pourrait être celle-ci : le verbal serait ce qu'une transcription écrite conserve des phénomènes langagiers ; le paraverbal serait ce que seul un enregistrement au magnétophone pourrait enregistrer, mais que l'écrit ne retient pas[3].

Les phénomènes que nous désignons par le terme de *paraverbal* sont nombreux et hétérogènes. Le domaine du paraverbal recouvre en particulier les phénomènes suivants (C. Kerbrat-Orecchioni, 1990 : 137 et 1994 : 16-17) :

– la *prosodie*, qui concerne tous les phénomènes de «quantité, de ton, d'accent, de contour intonatif», etc., et qui résulte principalement des variations de la fréquence fondamentale de la phonation (hauteur), de son intensité et de sa durée (Dubois *et al.*, 1994, 385);

– le *débit*, c'est-à-dire la vitesse d'élocution;

– les différentes *pauses* (moments d'interruption de l'articulation) dont la longueur et la position peuvent être fonctionnelles («jointure») ou sémantiquement signifiantes;

– les «différentes caractéristiques de la voix» (hauteur, timbre, intensité, etc.);

– les particularités individuelles ou collectives de la *prononciation*, qui nous permettent de différencier des voix d'enfant, de vieillard... ou les «accents» régionaux, sociaux, nationaux... Ces particularités sont suffisantes pour nous permettre de reconnaître quelques individus «à la voix».

Seul un enregistrement sonore est susceptible de capter les phénomènes que nous venons de signaler. La transcription par écrit de toutes ces informations est réservée aux spécialistes qui doivent pour cela adapter les conventions graphiques, créer des signes spéciaux, etc. Et encore doivent-ils opérer des choix dans le matériel paraverbal, en se demandant : parmi tous ces signaux, lesquels sont effectivement significatifs, lesquels ont une fonction linguistique réelle?

Pourtant on peut montrer empiriquement l'importance de ces données dans le processus d'interprétation : qu'on pense à l'infinité des interprétations que peut donner un bon acteur à une seule phrase anodine.

LA FONCTION DU MATÉRIEL PARAVERBAL DANS L'INTERACTION VERBALE HUMORISTIQUE

Fonctions linguistiques du matériel paraverbal

Nos habitudes de transcription et l'histoire même de la discipline linguistique nous masquent l'importance sémiotique des signaux paraverbaux. Il peut sembler que ces faits ne relèvent pas du système de la langue en tant que convention sociale : que ce soient des phénomènes seconds par rapport aux relations différentielles entre phonèmes, par exemple. Il semble pourtant que pour une certain nombre de phénomènes paraverbaux, comme les contours intonatifs, l'accentuation, les jointures, etc., on ait affaire à des formes conventionnelles et arbitraires, qui auraient un statut équivalent à des morphèmes (par ex., le contour intonatif de l'interrogation équivalent à « est-ce que »).

1) *La prosodie a une fonction syntaxique*

Les faits prosodiques jouent un rôle essentiel de mise en forme des signaux acoustiques : ils permettent des regroupements en segmentant la chaîne phonique et en signalant les relations entre ces segments par le jeu du contour intonatif (par ex., début et fin de phrase) : « la principale [fonction de la prosodie] est *l'organisation du signal acoustique* émis par un locuteur donné en un message cohérent, structuré, susceptible d'être identifié en tant que tel » (Dubois *et al.*, 1994 : 386). Elle permet aussi *l'anticipation* et la *segmentation* de l'énoncé « en unités-candidates pour les traitements syntaxiques, voire lexicaux, sémantiques et pragmatiques » (*ibid.* : 387).

Les structures prosodiques permettraient une anticipation des structures syntaxiques, grâce aux schèmes prosodiques stockés en mémoire. En cela, elles peuvent servir de base à des effets humoristiques : « l'intonation joue un rôle important dans la structuration syntaxique de l'énoncé en français. Lorsque deux segments sont identiques phoniquement, les différences intonatives ont une fonction distinctive. La plaisanterie exploite ce moyen d'expression de plusieurs façons, soit par une plaisanterie construite de telle sorte que l'intonation ne puisse lever l'ambiguïté, soit en abolissant volontairement les différences intonatives entre plusieurs segments phoniques identiques pour créer l'ambiguïté, soit encore en utilisant une variation de courbe mélodique pour orienter l'auditeur sur l'interprétation inattendue, incongrue, d'un segment phonique dont le contexte suggère une interprétation banale » (Laroche-Bouvy, 1991, 98).

2) *Pauses et jointures*

Une jointure est une « frontière linguistiquement pertinente entre deux segments, syllabes, morphèmes, syntagmes ou phrases »[4] (Dubois *et al.*, 1994 : 261). Il est évident que tous les jeux verbaux qui s'appuient sur la confusion des frontières linguistiques entre segments de l'énoncé consistent à effacer ou au contraire à recréer des jointures de manière irrégulière :

l'essence/les sens; a name/an aim.

Quelle différence y-a-t-il entre un ours polaire en rut, la capitale de la France et un couple de héros romanesques célèbres? Aucune, car l'ours aime mettre au pôle, Paris est métropole et Virginie aimait trop Paul.

On retiendra son rôle important dans les jeux de mots, en particulier ceux qui font appel à un double découpage du matériel phonétique :
– soit agglomération de phonèmes autrement dispersés
La charade : lampe au néon moule à tarte
– soit métanalyse ou découpage d'une chaîne signifiante d'une autre manière
«Par le bois du Djinn où s'entasse de l'effroi
Parle, bois du gin, ou cent tasses de lait froid»
A. Allais
Un exemple dans Goldstein (1990 : 41) :
A : How do you like your coffee, black?
B : Us niggers do have names, ma'am.
Why did the cookie cry?
Its mother has been away for so long. [a wafer]
(Peppicello & Green, 1984 : 59)

Dans un sketch de R. Devos, celui-ci évoque un interview avec Jacques Chancel, au cours d'une émission Radioscopie : «Vous en faites une drôle de tête, Devo(s)», avec l'effacement de la différence intonative avec «tête de veau», qui accompagne l'effacement du /s/.

Quant aux pauses, elles représentent des interruptions plus ou moins longues dans l'articulation phonique : loin d'être des moments de repos neutres, ce sont des moments clefs de la communication verbale si on la saisit comme une *interaction* et non comme un simple *énonciation*. En effet, la gestion des pauses n'est pas laissée au hasard.

Exemple 1 : les blagues question-réponse
– Quelle différence y a-t-il entre un canard? // Aucune, car les deux pattes sont les mêmes // surtout la gauche

Exemple 2 : le silence qui suit la «chute» dans le monologue humoristique (Attardo 1994 : 310)

Si les jointures sont des éléments fonctionnels comme les phonèmes, les pauses peuvent être vues comme des marques du réglage interactif de l'émission/réception des énoncés : le silence qui suit une plaisanterie est à la fois un signal de ludicité, comme peut l'être un signal non-verbal comme le clin d'œil, et le délai nécessaire pour que l'interlocuteur ait le temps de traiter les incongruités de l'énoncé. La pause semble d'ailleurs réglée : trop courte, elle escamote la réaction d'humour ; trop longue, elle signale un échec de l'intention humoristique : « et alors ? ».

Fonctions sémantiques et pragmatiques du matériel paraverbal

D'autres signaux paraverbaux qui « ont pour but de préciser la façon dont une phrase est prononcée en fonction d'un certain contenu émotif (admiration, étonnement, ironie, par exemple), sont dotés d'une valeur iconique permettant un décodage universel » (Dubois *et al.*, 1994 : 386). On parlerait dans ce cas d'« expressèmes ».

On peut citer quelques faits qui font apparaître que le matériel paraverbal prendrait parfois le pas sur le matériel verbal :

– « Les morphèmes intonatifs expressifs peuvent être apparentés aux unités lexicales : même après filtrage de la parole, on continue à en reconnaître le signifié, par exemple le doute, la surprise, etc. » (Dubois *et al.*, 1994 : 256).

– Les enfants sont capables d'identifier et de reproduire les contours prosodiques avant d'acquérir la maîtrise du langage. Ils identifient également avec beaucoup de précision les caractères acoustiques des voix familières et y réagissent positivement (Aimard, 1988).

– Il est possible d'obtenir des informations fines (par ex., sexe, âge, état émotif...) sur des locuteurs dont on entend la voix sans être en mesure de comprendre le discours. Ces informations paraverbales seraient de nature à contredire l'information portée par le matériel verbal (par exemple, une articulation tendue qui dénie l'acte de langage primaire « mais tout va bien ! »). On voit dans ce cas que les informations paraverbales ne sont pas nécessairement subordonnées aux informations verbales.

Cas limite : le matériel verbal est ininterprétable, seuls demeurent les contours intonatifs. Dans son sketch *Le clou*, R. Devos imite le monologue d'un monomaniaque qui parle hors-micro : on n'entend plus que le murmure insistant du discours (rires).

Y aurait-il une prosodie particulière à l'humour ?

De nombreux auteurs signalent l'existence d'une intonation spécifique à certains modes de communication fortement implicites, comme l'ironie[5]. Y aurait-il une intonation spécifique à l'humour, qui signalerait l'intention du locuteur de produire de l'humour verbal ? L'intonation est une des marques du registre linguistique (Attardo, chap. 7) : changer de registre permet l'autodérision. Dans une conversation familiale, l'hôte imite sa grand-mère juive, «intonation exagérée, qualité de la voix et prononciation stylisée à l'imitation de celles de sa grand mère» (Tannen 1984, cit. par Attardo, 1994 : 317). Kerbrat les interprète comme des modalisateurs particuliers :

> «Pour ce qui est des contenus explicites, les données prosodiques et mimo-gestuelles deviennent en revanche fondamentales, pour détecter les connotations (en particulier axiologiques), les allusions et les emplois ironiques. A la lisière du sémantique et du pragmatique, ces unités sont directement impliquées dans les phénomènes de modalisation ou de «keying» — attitude de l'énonciateur envers son propre énoncé (distance ou adhésion, modalité du sérieux, de la plaisanterie, ou du sarcasme), ou envers celui d'autrui (accord enthousiaste ou mitigé, désaccord, incompréhension...) — et c'est d'elles que dépend pour l'essentiel la 'tonalité' de l'énoncé» (C. Kerbrat-Orecchioni, 1990 : 146).

Illustrons : au cours de la campagne électorale de 1995, Philippe Séguin, alors partisan de J. Chirac, raconte comment il réagirait s'il devait voter au deuxième tour pour son concurrent E. Balladur : de retour chez lui, «je m'écrierais à pleins poumons : Chouette!» Cette exclamation, qui aurait dû être enthousiaste, est prononcée «*mezza voce*, comme on dit 'Dommage'» (*Le Monde* du 26-27/2/1995, p. 6). Et l'auditoire d'éclater de rire.

Les signaux paraverbaux, eux, permettraient de diriger l'attention de l'auditoire sur les moments-clefs de l'énonciation humoristique :

— ralentissement à l'approche de la chute;

— soulignement des syllabes, du mot-clef, etc.;

— augmentation de la qualité de l'articulation;

— éveil de l'attention : «en utilisant une variation de courbe mélodique pour orienter l'auditeur sur l'interprétation inattendue, incongrue, d'un segment phonique dont le contexte suggère une interprétation banale» (Laroche-Bouvy, 1991 : 98).

Qu'en est-il des autres informations paraverbales? La variation intentionnelle des différentes caractéristiques de la voix est aussi utilisée dans l'interaction humoristique :

— Utilisation des accents : variantes régionales, sociales, nationales, de la réalisation des phonèmes, de l'intonation :

Un père de famille d'origine étrangère vient se plaindre à l'école (avec l'accent) :

«C'est *on* scandale! Je vais *fire on* malhi*rr*! Vous avez appris *on'* chanson pornographique à mon enfant!

— Mais ce n'est pas possible!

– Ecoutez, ce n'est pas moi qui *li* ai appris à chanter : «Et les tétons Petit Navire, et les tétons Petit Navire...»

– Utilisation de marques vocales stéréotypiques : voix de fausset, voix efféminée, voix de garce, voix de snob, voix du paysan, bégaiement, zozotement, etc. Le paraverbal est le moyen de mettre en jeu les stéréotypes sociaux et des personnages dont le lien avec le discours comique est établi par ailleurs (Toto, le nègre, le Belge, le gendarme, etc.). Il y a une «caricature paraverbale» qui est tout aussi identifiable que la caricature dessinée : voir les imitateurs.

Un exemple de matériel paraverbal : les rires

Le rire est un phénomène paraverbal par excellence : il est défini par l'émission de sons vocaux qui peuvent être extrêmement variés, mais qui sont en général identifiables au sein d'une communauté dans leurs différentes valeurs et leurs différents usages (comme en témoigne le vocabulaire : rire jaune, rire aux éclats, rire sous cape, etc.).

Le rôle du rire dans l'interaction a été étudié (Glenn, 1989 : 129-131 ; Attardo, 1994 : 307) ; il peut avoir de nombreuses fonctions, dont certaines sont des fonctions linguistiques (en liaison avec l'énonciation de matériel verbal) :

– Il marque évidemment la réception réussie de l'énonciation humoristique, mais selon des modalités extrêmement subtiles. C'est une réaction en partie contrôlée, il y a une palette de rires entre le fou-rire automatique et le rire forcé. «Il convient de remarquer qu'un signal de réception (rire, plaisanterie en retour) est indispensable pour la réussite de l'interaction» (Laroche-Bouvy, 1991, 99).

– Certains avancent même l'idée que le locuteur initierait le rire du récepteur en l'ébauchant à la fin de sa propre énonciation comme un signal appelant une réponse de l'auditoire (Jefferson, 1979 *in* Attardo, 94 : 308) : voir les rires artificiels dans les émissions TV (dimension psycho-sociale : entendre rire fait rire, suffit à définir ce qui se passe comme comique). Et voir le rire solitaire de celui qui s'essaie à plaisanter devant un auditoire glacé...

– Le rire joue donc un rôle régulateur (feed-back) dans l'interaction humoristique, qu'elle soit spontanée ou professionnelle : «Audience laughter, or the lack of it, frequently serves to direct the comedian to remarks that either are critical of himself or, more likely, of the audience as well as new topics likely to produce laughter» (Pollio & Swanson, 1995 : 6).

– Le rire pourrait même se mêler à l'articulation de l'énoncé humoristique, comme un signal intentionnel («within speech laughter», Jefferson, 1979 *in* Attardo, 1994 : 308) ou involontaire : le rire peut s'entendre dans l'articulation de la voix. Un exemple dans une chanson (G. Brassens : «Le Bulletin de santé», Disques Philips 6499 796, 1966, sur le passage «Que je bande, que je bande, que je bande...»).

LE MATÉRIEL NON-VERBAL

Matériel verbal et matériel paraverbal semblent naturellement liés : toute énonciation présente nécessairement un matériel articulé (des phonèmes) et un matériel paraverbal (une intonation, des pauses, un certain débit...). Verbal et paraverbal partagent le même support physique : des stimuli voco-acoustiques dont l'émission et la réception sont assurées par des organes spécialisés[6]. C'est pourquoi l'extension de la démarche linguistique au paraverbal ne pose de problèmes que méthodologiques (traitement des unités non-segmentales, etc.).

Il en va différemment avec le matériel sémiotique que nous appelons le *matériel non-verbal*. A la différence des précédents, il n'est pas porté par les mêmes canaux matériels. Il est constitué de stimuli corporo-visuels :

– les signes statiques, constitués par l'apparence physique, la physionomie, la coiffure, le vêtement, les parures, les accessoires à valeur symbolique (interprétés comme des signes, des marqueurs : casquette + sifflet = flic, nez rouge = clown, bouteille = ivrogne, etc.);

– les signes «cinétiques lents», «c'est-à-dire essentiellement les attitudes et les postures»;

– les signes «cinétiques rapides» : les regards, les mimiques et les gestes[7] (Kerbrat-Orecchioni, 1990 : 137).

Comment justifier de la prise en considération de ces phénomènes qui semblent sans relation substantielle avec le matériel légitime de la linguistique (les signaux voco-acoustiques produits par les organes de la phonation)? Leur éventuelle valeur sémiotique à elle seule ne suffit pas : la linguistique n'a pas vocation à être une sémiologie universelle, et le fait pour un phénomène (même intentionnel) d'être interprétable ne suffit pas, sinon on n'en finirait pas...

C'est donc par leur *fonction linguistique* qu'il va falloir donner un statut linguistique aux signes non-verbaux : on postulera qu'ils jouent un rôle important (et irremplaçable) dans le processus d'interprétation des signes linguistiques dont ils accompagnent l'énonciation. En d'autres termes, affirmer qu'il existe un *matériel linguistique non-verbal* revient à postuler que des signaux corporo-visuels jouent un rôle linguistique intégré au processus de traitement des signaux provenant des autres canaux (verbal et paraverbal). Ces signaux seraient donc susceptibles d'une approche linguistique spécifique (ils ne relèveraient pas exclusivement d'autres cadres théoriques, comme l'anthropologie ou la proxémique).

Les signes statiques

a) Caractéristiques corporelles

Comme l'accent ou les particularités de la voix, l'apparence physique peut être considérée comme un signe qui, sous certaines conditions, interagit avec le matériel verbal.

L'effet comique produit par le contraste entre l'apparence corporelle et certains traits verbaux et non-verbaux : personnages d'enfants doublés par des voix d'adultes, inversement personnages adultes à la voix d'enfant, voix de femme dans un corps d'homme, etc. Il paraît clair que l'effet humoristique dans de telles situations n'est pas dépendant du matériel verbal (qui apparaîtrait parfaitement congruent en une situation modifiée) ni du matériel non-verbal isolément. C'est précisément la production d'un tel discours dans un tel corps qui produit le mécanisme de l'incongruité, comme si une règle empirique liait une certaine voix à un certain corps.

Je pense en particulier à telle scène de *Crocodile Dundee* dans laquelle le héros rencontre dans une soirée new-yorkaise une femme à la voix grave et à la stature mâle, dans laquelle il hésite à voir une vraie femme.

Dans cette perspective, j'aurais à critiquer le modèle de la double-lecture proposé par certaines théories de l'humour verbal. Selon celles-ci, l'auditeur procéderait à une première interprétation du matériel verbal qu'il prendrait à sa valeur habituelle, sur le mode *sérieux* (bona-fide mode). Il buterait alors sur un élément «déclencheur» (script switching trigger), qui serait incompatible avec la première interprétation. Pour résoudre cette rupture de cohérence sémantique, il faudrait au locuteur se rabattre sur un deuxième cadre interprétatif, le mode *non-sérieux* (non bona-fide mode). A partir du déclencheur, l'auditeur repartirait en arrière (backtracking) pour réinterpréter le matériel, afin d'en dégager le contraste qui serait le principal ressort sémantique de l'humour (Attardo, 1994, chap. 9.4.1, 286-288). Ce modèle ne me paraît pas généralisable, car, dans bien des cas, des indices très perceptibles signalent d'emblée qu'on est dans le mode NBF, comme par exemple les signaux non-verbaux ou paraverbaux. « L'humour spontané a aussi ses signaux, quelquefois très subtils : une lueur dans le regard du créateur, l'esquisse d'un sourire, un temps infime de suspension dans l'attente d'un effet... ; s'ils ne sont pas des révélateurs, ils sont au moins des confirmations », écrit F. Bariaud (1988 : 60), qui signale aussi que la maîtrise de ces signaux, comme les autres compétences verbales, s'acquiert progressivement.

Parmi les signaux corporels, il faut faire sans doute une place à part à la physionomie (à la forme générale du visage et de ses traits) : une tête à elle seule peut être chargée de signaux comiques — que dire alors de ce qu'elle peut énoncer? (*cf.* la poire tirée du visage de Louis-Philippe [Laurian, 1992]).

b) Vêtement, coiffure, parures et accessoires à fonction symbolique

Un autre exemple d'interaction entre matériel non-verbal et matériel verbal peut être donné par les incongruités produites par le non-respect de la concordance empirique entre le discours tenu par un personnage et les signes de son rôle social constitués par son vêtement, ses accessoires, etc. Un exemple limite : le grand succès de montages vidéo qui donnent des voix humaines à des animaux, saisis dans des comportements rendus ainsi comiquement anthropomorphes (réalisateur : Patrick Bouchitey).

Inversement, on peut aussi considérer comme des signaux non-verbaux les vêtements, la coiffure, le maquillage, et les accessoires des personnages comiques traditionnels, comme par exemple, dans nos sociétés, le clown de cirque. On peut concevoir ici qu'un lien se fait entre le domaine du linguistique et celui de diverses sémiologies (voir les commentaires de D. Bertrand sur les personnages de tableaux : Bertrand, 1992). Reste que la fonction linguistique du non-verbal est essentielle. Il fournit les cadres mêmes de l'interprétation : « le matériel paraverbal et non-verbal constitue pour l'interaction une mine inépuisable d'indices de contextualisation, c'est-à-dire qu'il fournit des indications nombreuses et diverses sur les *caractéristiques biologiques, psychologiques et sociales* des interactants » (C. Kerbrat-Orecchioni, 1990 : 147).

Les «cinétiques lents» : attitudes et postures

Il est plus difficile de repérer des attitudes et des postures corporelles qui seraient caractéristiques de l'énonciation humoristique. Cependant, comme le matériel paraverbal, les postures font partie des signaux qui précèdent, accompagnent et suivent la production de signes vocaux, et elles jouent certainement un rôle propre. On peut, par exemple, distinguer les signaux de *régulation*, qui assurent d'une manière générale l'efficacité de l'interaction (comme les positions du locuteur relativement à son auditoire, le fait de se lever, de s'avancer, etc.) et les signaux proprement *sémiotiques*, comme des postures caricaturales qui sont spécifiques (par exemple, la curieuse raideur lombaire du personnage de Jacques Tati dans *Jour de fête*).

Le lexique enregistre toute une phraséologie du *corps riant* : *se tenir les côtes, être plié en deux, se rouler par terre, se taper sur le ventre...* enregistrement, dans le lexique, d'attitudes conventionnellement liées à la réception de l'humour. Dans le même ordre d'idées, le vocabulaire de la raideur, de la froideur, de la distance marque celui qui ne produit pas/n'apprécie pas l'humour.

La prise en compte du non-verbal comme condition d'existence du verbal met en évidence l'intérêt du concept d'*interaction* : car pour qu'une énonciation humoristique réussisse, il faut non seulement que le locuteur la réalise efficacement, mais aussi que le public y soit suffisamment attentif. Autrement dit, l'efficacité d'une interaction verbale humoristique ne dépend pas exclusivement de la qualité de l'énonciation : elle dépend aussi de la qualité de la réception, c'est-à-dire du soin avec lequel les interlocuteurs sont ajustés les uns aux autres. C'est à l'humoriste de provoquer ces bonnes conditions de réception : capter l'attention, faire taire les discours parasites, s'assurer de l'ajustement émotif des auditeurs, etc. La *posture de l'auditoire* est à ce titre un signal de feed-back important, en l'absence duquel l'énonciation n'a pas lieu. Importance décisive de la *connivence*, c'est-à-dire d'un ajustement précis de l'humoriste à son auditoire, d'un réglage des attentes. Avant même toute énonciation, cette connivence peut être marquée par des signaux non-verbaux : positions des uns et des autres, écoute, mimiques (rôle des regards, des sourires, d'une gestuelle : appel à l'attention (doigt levé), geste de la main signifiant «rapprochez-vous», etc.).

Enfin, comme éléments de la communication verbale, certains cinétiques lents peuvent constituer des mécanismes humoristiques en interaction avec du matériel verbal :

Un exemple dans un sketch de Devos : « le bout du bout », fondé sur les multiples possibilités d'insertion et d'interprétation du lexème « bout » : ce sketch comporte un jeu de mots poly-sémiotique. Après avoir parlé « de bouts », des « deux bouts du bout », etc., Devos feint l'épuisement et s'assied en déclarant : « j'en ai marre d'être debout ». Sans le mouvement postural accompagnant cette énonciation, l'effet comique serait moindre.

Les signes « cinétiques rapides »

a) Les regards

Au cours d'un enregistrement télévisé, R. Devos énonce un jeu de mots, puis enchaîne rapidement, le public ne réagissant pas aussitôt. Mais, dans la suite immédiate, on entend nettement un rieur isolé, qui semble réagir à la chute escamotée : sur le gros plan qui nous montre l'artiste à ce moment-là, on le voit nettement tourner la tête, sourire en plissant des yeux tout en s'arrêtant de parler, comme s'il accusait réception de cette réponse (même décalée) à sa proposition humoristique. Autre exemple : les moments où le regard du comédien se tourne visiblement vers la salle au moment où une chute est énoncée, ou immédiatement après : marque de connivence ou appel à une réaction que le comédien juge méritée ? Là encore se marque le processus de co-énonciation : le locuteur se règle en permanence sur le feed-back produit par le public pour gérer le détail de son énonciation.

Fonction du regard dans la gestion de l'attention du public, à mettre en parallèle avec du paraverbal (élévation de l'intensité, brusque changement de tonalité, émission de phatèmes : « chut! psst! hého! », etc.) et du verbal.

b) Les mimiques

Elles participent à la genèse des compétences humoristiques : savoir décoder puis produire de l'humour. G. Tessier observe comment se met en place le savoir-faire humoristique, grâce à des modèles familiaux : « l'initiative de l'aîné fournit un 'étayage' (selon le mot de Vygotsky) à un comportement nouveau. La mimique et l'intonation servent d'indices du 'pas-sérieux' et méta-communiquent sur le message » (Tessier, 1988 : 30).

Dans certains cas, les mimiques suffisent à elles seules à transformer en matériel verbal ce qui n'est qu'un son musical :

– dans un sketch de Devos, il joue de la guitare en imitant le bruit d'une altercation entre les deux membres d'un couple de duettistes : ce sont les mimiques qui font qu'on interprète la mélodie jouée à la guitare comme une «mélodie conversationnelle»; cela est d'autant plus clair que ce jeu non-verbal est mêlé sans transition à des énonciations, des interjections ou des impératifs;

– Michel Leeb a popularisé en France ce même mécanisme comique emprunté à J. Lewis : faire des grimaces synchronisées avec un fond musical : la musique représentant un sorte de contour intonatif approximatif, les mimiques faisant de ces contours un *pseudo-discours*.

c) *Les gestes*

Les signaux mimo-gestuels constituent un langage qui a été étudié isolément mais qui est généralement co-occurent de signaux verbaux (Kerbrat-Orrechioni, 1994 : 20-22, pour une revue rapide et les références).

Toujours dans un sketch de R. Devos et M. Marceau, le mime caché derrière Raymond Devos laisse passer ses deux bras sous les aisselles de celui-ci et accompagne un discours improvisé de gesticulations qui ne sont autres que des «gestes» identifiables (se gratter le menton, ouvrir les mains, montrer du doigt, etc.).

L'effet combiné des signaux non-verbaux

Il va de soi que l'analyse présentée ci-dessus isole artificiellement des signaux qui apparaissent simultanément et qui sans doute sont liés les uns aux autres, comme ils ne peuvent être appelés *non-verbaux* que dans la mesure où ils interagissent *effectivement* avec des énonciations.

– Le matériel non-verbal peut-être une ressource humoristique par lui-même : par exemple, le mime. On se rapproche ici des sémiotiques visuelles ou graphiques (*cf.* les revues *Cahiers Comique et Communication 1* et *Humoresques 6*). Voir aussi la genèse de l'humour : «l'enfant des âges préscolaires s'amuse des singeries, grimaces, imitations (avec bruits étranges) et autres pitreries (McGhee et Kach, 1981). Il rit, déjà très jeune, de transformations des identités familières (Aimard, 1988)» (Bariaud, 1988 : 64).

– Fonction de prise de parole (gestion des «tours»); ouverture : «habituellement, quand c'est d'humour qu'il s'agit, les mots de passe usuels peuvent être accompagnés par des indices corporels comme des clins d'œil ou des expressions faciales et posturales» (Zadjman, 1991 : 26).

Un « mot de passe », selon Zadjman, est une formule d'introduction caractéristique qui annonce la narration d'une histoire drôle (« Vous connaissez la dernière ? », « Je vais vous en raconter une bien bonne... »), ou des formules introductives plus universelles (« Ça me rappelle... », « Comme on dit... », « C'est drôle que vous disiez ça... »).

– Fonction de clôture du tour de parole : voir les gestes de dénégation de l'humoriste qui interrompt les rires de son public s'ils se produisent *avant* la chute qu'il prévoit, ou inversement l'ébauche d'une révérence, un mouvement de recul, etc., qui signale qu'il a fini de parler.

– Mise en place du mode de communication adéquat : on sait qu'on va parler d'humour, ou, dans le cas d'humour introduit dans un contexte sérieux, le locuteur signale qu'il plaisante par ses mimiques ou son hilarité. On citera en contre-exemple le cas inégalement apprécié du *pince-sans-rire* dont « on ne sait jamais quand il est sérieux ou pas ».

– On peut aussi penser que les signes paraverbaux et non-verbaux permettent au locuteur de jouer plusieurs *rôles énonciatifs*, plusieurs personnages de la « mini-fiction » qu'il crée au cours de l'énonciation humoristique. Une histoire drôle est bien souvent organisée autour d'un dialogue, exactement comme un récit : le locuteur se contente de mettre en place les éléments narratifs utiles à la réussite de l'histoire drôle. Les signaux para- et non-verbaux participent de l'identification symbolique des personnages et donc de la lisibilité du récit.

CONCLUSION : L'INTÉRÊT MÉTHODOLOGIQUE DU MATÉRIEL PARA- ET NON-VERBAL

Il semble donc que l'étude des propriétés spécifiques du *texte humoristique* (c'est-à-dire du matériel verbal) doit être complétée — et le cas échéant, rectifiée — par l'étude des propriétés spécifiques de l'*interaction humoristique*. De fait, l'humour verbal est expérimenté dans la majorité des cas dans des *interactions verbales*, c'est-à-dire les échanges oraux en face à face. S'il est légitime de rechercher quelles pourraient être les propriétés intrinsèques du matériel verbal (par exemple, sous la forme d'une théorie sémantique comme celle d'Attardo & Raskin, 1991), il est tout aussi légitime de prendre en considération non plus seulement l'énoncé (trace indirecte de l'interaction) mais l'énonciation et son contexte sémiotique immédiat. Cela permettrait de comprendre comment un énoncé non-marqué acquiert des propriétés humoristiques quand il est présenté de manière adéquate. Comme le dit C. Kerbrat-Orecchioni, « la communication est multicanale et pluricodique », et « à partir du moment où elle accorde priorité aux échanges oraux, la description doit prendre en compte non seulement le matériel verbal, mais aussi les données prosodiques et vocales, ainsi que certains éléments transmis par le canal visuel » (1990 : 47). Ce projet complète efficacement l'approche linguistique « interne », et correspond à l'invitation formulée par Attardo : « une approche confinée à l'un des sous-domaines de la linguistique sera toujours nécessairement limitée. [...] Seule une approche linguistique ouverte et globale nous permettra peut-être de comprendre pourquoi le langage est, parfois, source d'amusement » (1994 : 334).

Je voudrais souligner pour conclure l'intérêt méthodologique du matériel paraverbal et non-verbal : il s'agit de phénomènes empiriques qui peuvent donner lieu à des repérages précis sur des enregistrements. Même si leur interprétation pose de nombreux problèmes, on dispose, avec ce matériel, d'informations relativement fiables qui peuvent être utilisées dans trois directions : 1) étudier comment l'énoncé est conçu par le locuteur dans l'intention de produire la réaction d'humour (instructions de traitement de l'énoncé), 2) étudier comment l'énoncé humoristique est reçu effectivement par l'auditoire, les réactions étant partiellement mesurables et comparables (qualité et quantité des rires, par exemple, échange des regards, durée des pauses...), 3) étudier enfin comment est gérée l'interaction réelle, qui résulte à la fois des interventions du locuteur, mais aussi du feed-back permanent de l'auditoire, avec ses moments de réussite et ses malentendus. En particulier, l'étude comparée de diverses réalisations d'un même énoncé (comme dans le cas d'un sketch du répertoire d'un même comédien) devrait permettre de repérer les procédures invariantes qui caractérisent une énonciation comme humoristique.

NOTES

[1] «On a confondu la langue avec son expression écrite : langue qui a pu apparaître alors comme un système d'unités sagement discrètes, à fonction essentiellement référentielle [...]. Cette situation euphorique s'est sérieusement gâtée lorsqu'on a commencé à s'intéresser au discours oral : les linguistes se sont alors retrouvés tout désemparés.» (C. Kerbrat-Orecchioni, 1990 : 141)

[2] Le dictionnaire de linguistique de Larousse (Dubois et al., 1994) ne comporte pas d'entrée à paraverbal. L'entrée la plus proche semble être *prosodie* : «un domaine de recherche vaste et hétérogène, comme le montre la liste des phénomènes qu'il évoque : accent, ton, quantité, syllabe, jointure, mélodie, intonation, emphase, débit, rythme, métrique, etc.» Le terme «paraverbal» est utilisé de préférence dans le domaine de l'approche interactionniste, son extension est sans doute plus grande que celle de «prosodie» (*cf.* Cosnier & Brossard, 1984 : 5 *sq.*; Kerbrat-Orrechioni, 1990 : 137 *sq.*).

[3] Je précise aussitôt que cette distinction est discutable, car certains phénomènes paraverbaux sont notés, quoique de manière approximative :
- l'intonation est partiellement «évoquée» par la ponctuation;
- les variantes articulatoires le sont par adaptation de l'orthographe (Morsly, 1990), écritures pseudo-phonétiques, ressources typographiques (voir les textes de la Bande Dessinée);
- l'intensité est rendu par l'italique, les capitales, la taille des caractères (plus rare), etc.

Chez Molière déjà, les suggestions graphiques des variantes articulatoires des paysans (ex. : Dom Juan, acte II : les marques verbales, on le voit bien dans cette pseudo-transcription, sont mêlées aux marques paraverbales (*piquié* pour pitié, mais un lexique et une syntaxe caractéristique). Nombreux exemples chez R. Queneau d'un effort pour imiter une articulation orale : «ladsus, cidsu» pour «là-dessus, ci-dessus», «le célèbe 'doukipudonctan' et 'lagoçamilébou' (cit. Attardo, 1994 : 123).

Inversement, il y a des phénomènes propres à l'écrit qui n'ont pas d'équivalent à l'oral : ex. du slogan «Faites de la musique», des jeux sur les homophones non-homographes en général, sur le signifiant graphique (jeux de Pierre Etaix avec une machine à écrire dans *Dactylographismes*, 1982, éd. G. Salachas).

En outre, il faut signaler que la distinction verbal/paraverbal comporte de nombreux points de recouvrement : voir à ce sujet Kerbrat-Orrechioni (1990 : 138-140).

[4] «The example draws our attention to that much neglected phoneme (if phoneme it be), the juncture (the time gap between spoken words), and, in particular, to the way in which different *lengths* of pause determine different senses. Pause length is clearly an important phonological feature of spoken language (Eimas, 1985), but, to my knowledge, precious little work has been done on the *semantic* importance of the lengths of junctures in spoken English.» (Goldstein, 1990 : 41)

[5] «L'ironie et l'antiphrase ne se manifestent que grâce à l'intonation»; «je n'omettrais jamais d'accompagner ces formules provocantes d'une intonation particulière, marqueur de plaisanterie» (Laroche-Bouvy, 1991, 99).

[6] «Les éléments prosodiques présentent la caractéristique commune de ne jamais apparaître seuls et de nécessiter le support d'autres signes linguistiques» (Dubois et al., 1994 : 385).

[7] Le matériel non-verbal ne peut donc pas être enregistré sous la forme de signaux acoustiques grâce à un magnétophone : le seul matériel d'enregistrement adéquat est le magnétoscope.

# «Comme un vol de perdrix hors du foyer rural»
Un fabliau médiéval entre philologie et didactique

Louis Gemenne
Université catholique de Louvain

Si le fabliau des *Perdrix* faisait rire au Moyen Âge, c'est sans doute grâce au talent d'un jongleur qui, pour raconter cette histoire, joignait le geste à la parole. Aujourd'hui, la voix du jongleur s'est tue et son auditoire s'est évanoui dans le passé; il ne nous reste que le texte, comme seule trace d'une performance à jamais inaccessible. À partir de cette constatation élémentaire, deux questions seront abordées ici : qu'est-ce qui, dans ce texte[1], pouvait faire rire et quels sont les moyens actuels de le découvrir? Du point de vue du didacticien, poser ces deux questions revient à rechercher une complémentarité encore trop peu prise en compte : celle qui tirerait parti à la fois d'une analyse du discours comique médiéval et des conclusions qu'autorise l'expérience d'un transcodage du texte en situation scolaire.

Voici comment l'intrigue peut se résumer. Le narrateur affirme que cette fois, plutôt qu'un fabliau, il racontera une histoire vraie. C'est celle d'un paysan qui revient chez lui tout content d'avoir pu attraper deux perdrix. Il charge sa femme de les faire cuire pendant qu'il repart inviter le curé. Comme il tarde à revenir, son épouse, qui l'a attendu en vain, finit par manger les deux oiseaux qui ont eu le temps de rôtir. La situation est critique au retour du mari, car il ne croit pas sa femme quand elle prétend que deux chats sont venus emporter les volailles. C'est alors que, pour éviter les coups, la malheureuse explique qu'elle les tient au chaud et parvient à éloigner le paysan en lui disant d'aller aiguiser son couteau. Au curé qui arrive un peu plus tard, elle dit qu'il n'y a pas de perdrix chez elle mais que son mari veut le châtrer : le voici, d'ailleurs, qui revient un couteau à la main. Le prêtre s'enfuit et la femme n'a pas de peine à faire croire à son époux que le curé vient de voler leur repas. La poursuite s'engage jusqu'au presbytère, où le curé est parvenu à s'enfermer et d'où le paysan revient penaud, persuadé que sa femme a dit vrai. Le fabliau se termine par la conclusion qu'il y a deux trompés dans l'affaire : le paysan et le curé, et par une sentence : «Femme est faite pour tromper : d'un mensonge, elle fait une vérité et d'une vérité un mensonge».

Même si, dès la première lecture, on apprécie l'habileté et la vivacité de la mécanique narrative, il n'y a apparemment pas de quoi fouetter un chat ou s'interroger longuement sur les voies et moyens du comique de ce texte, tant il semble transparent. Pour un peu, on cautionnerait ce qu'en écrivent A. Lagarde et L. Michard dans leur célébrissime anthologie[2] :

> Ce «dit» ou «conte» est (...) bâti sur une double méprise. Mais ici la méprise est organisée par l'*habileté de la femme* : la satire de la tromperie féminine, thème traditionnel des fabliaux, est un trait de l'esprit gaulois. On notera la *vie* et le *réalisme* de la narration, et particulièrement la *vérité* dans les gestes et la pensée de la femme, vaincue peu à peu par sa gourmandise (*italiques des auteurs*).

Les choses se corsent, cependant, quand le médiéviste compare la traduction que donne cette anthologie avec le texte original et que le didacticien qu'il est aussi confronte ces deux documents avec une version scénique réalisée par des élèves du 1er cycle de l'enseignement secondaire[3]. Cette double confrontation permet non seulement de dépasser la lecture induite par les traditionnels outils d'enseignement que sont les anthologies mais aussi de nuancer ou d'approfondir des lectures plus proprement philologiques[4].

LA RAISON DES CENSEURS

Deux censures

Observons tout d'abord que l'anthologie soumet le texte original à une double censure : ce ne sont plus les couilles que le prêtre risque de perdre, mais les oreilles; ce qui disparaît aussi, c'est le retour peu glorieux du paysan chez lui et, avec ce retour, la conclusion de l'histoire

(vv. 148-149) : « Ainsi furent trompés le prêtre et Gombaut, qui captura les perdrix ». La première de ces deux censures a été assumée, elle aussi, par les rédacteurs de la version scénique pour d'évidentes raisons de convenances — le spectacle était destiné à un public d'enfants ; quant à la seconde, elle a été remplacée par une finale où, grâce à la collaboration du public, se voit finalement déjouée la ruse de la femme, ce qui permet de supposer que celle-ci prendra bel et bien les coups que les jeunes auteurs du texte estimaient apparemment être le châtiment mérité de sa gourmandise et de sa tromperie.

Il n'est pas exagéré de dire que, par des voies différentes certes, ces deux lectures scolaires se soumettent en fait aux mêmes stéréotypes : d'abord celui selon lequel la substitution superficielle d'« oreilles » à la place de « couilles » n'affecte pas le sens profond du texte, et surtout celui qui rend apparemment inconcevable le triomphe intégral d'une fille d'Ève sur deux hommes innocents — ainsi, la fin du conte est escamotée chez Lagarde et Michard, tandis qu'elle est tout à fait transformée dans la version scénique[5].

Les bornes du texte

Paradoxalement, l'existence et la répétition de ces censures nous conduisent à reconsidérer les liens qu'entretiennent le prologue et l'épilogue avec le contenu du fabliau. On constate que l'ouverture met en place deux fictions que le texte maintiendra jusqu'à la fin : la fiction du non écrit — le texte est une bonne histoire qu'un diseur raconte à un public — et celle du non fictif — le texte n'est pas une fable, mais une histoire vraie.

Attachons-nous d'abord à la seconde. Pour être respectée, cette « fiction du non fictif »[6] impose en fait un pacte d'écriture-lecture extrêmement contraignant. Il faut, d'une part, que l'histoire racontée soit jusqu'au bout vraisemblable, tant du point de vue des personnages mis en jeu que des actions qu'ils enclenchent ; il faut, d'autre part, que la leçon de clôture (« Femme est faite pour tromper : d'un mensonge elle fait une vérité et d'une vérité un mensonge », vv. 151-153) soit doublement crédible : à la fois parce qu'elle trouve une illustration stricte dans le récit et aussi parce qu'elle peut effectivement être tirée du sens de l'histoire tel que le construisent les auditeurs. C'est cette double crédibilité qu'il convient, semble-t-il, d'interroger pour percevoir un autre aspect comique du fabliau, pour passer derrière l'écran qui affiche, sur un fond pittoresque de tentation alimentaire, les principaux traits de la « malice féminine ».

COMMENT L'ESPRIT VIENT AUX FEMMES

La «vraie semblance» du récit

Même si, comme on pouvait s'y attendre, le prologue et l'épilogue du fabliau ne sont pas repris tels quels dans la version scénique, c'est bien cet impératif de vraisemblance qui a gouverné l'élaboration de celle-ci. Au moins à trois reprises, les élèves colmatent ce qui à leurs yeux apparaît comme des failles du récit : (a) justification de l'invitation au curé, invitation sur laquelle il faudra revenir ; (b) invention du personnage de Mathilde pour meubler le temps d'attente et (c) raison d'être du retard du prêtre. Toutes naïves qu'elles puissent sembler, ces trois «explications théâtrales» révèlent en fait des lieux d'indécision du texte et posent plus de questions qu'elles n'en résolvent : pourquoi trois personnes, dont un prêtre, pour manger deux perdrix? Pourquoi le paysan a-t-il tardé si longtemps et pourquoi revient-il avant le curé? Ces efforts de rationalisation amènent tous à concevoir, pour ce récit, une autre lecture-leçon que celle qu'explicite le cadrage énonciatif du texte, et cette lecture alternative rejoint plus ou moins celle à laquelle parviennent Larry S. Crist et James A. Lee au terme d'une analyse sémiotique extrêmement fouillée.

Selon la logique de cette analyse, la ruse de la femme ne proviendrait pas de sa nature «diabolique» mais serait un effet de la culture qui la maintient dans un état social d'infériorité ; en l'espèce, il s'agirait pour la femme de réparer par la ruse le double méfait dont elle a été victime par la faute de son mari : être privée d'une perdrix et voir arriver dans son ménage un étranger potentiellement séducteur (le prêtre des fabliaux d'adultère). Comme l'écrivent les deux sémioticiens américains[7] :

> Le mari, ayant l'avantage social, n'aurait pas le «droit» d'introduire encore un élément de déséquilibre, et la femme aurait donc le «droit» de le tromper : dans le cas présent, de lui faire punir son invité(-usurpateur), quelle que soit l'«innocence» de celui-ci. Il y aurait dans cette situation une approximation très rude de justice distributive, tout au moins (*sic*).

En tant qu'interprétation, celle qu'on vient de lire peut toujours être discutée, d'autant que rien d'explicite dans le texte n'y conduit. Il semble néanmoins qu'elle puisse être retenue, à titre d'hypothèse de travail et à condition d'être nuancée. Si, par exemple, l'invitation saugrenue du curé[8] peut effectivement se lire comme un premier méfait, dont la femme tirera le parti qu'on sait, le deuxième, lui, doit plutôt être cherché dans le retour tardif des deux hommes (*cf.* v. 65 : «elles sont mises à réchauffer»). C'est ainsi, du moins, que le conçoivent les élèves, et il est d'ailleurs intéressant de constater que, dans une autre adaptation scolaire du même fabliau, ces deux reproches sont explicites dans la bouche de l'épouse[9]. Quoi qu'il en soit, ce double méfait, décelé à la fois par l'analyse sémiotique et par le transcodage théâtral, ne vaut sans doute pas une castration, mais à tout le moins deux perdrix.

Les apparences de la morale

Selon cette interprétation de l'implicite du texte, la *vis comica* du fabliau tiendrait à l'habileté de la «récupération culturelle» opérée, *in extremis*, par le texte au détriment de la femme et même si celle-ci paraît l'emporter en bernant son mari. Malgré toutes les excuses qu'on peut trouver à la femme, c'est la morale «machiste» qui est sauve et qui se nourrit précisément de l'ingéniosité des machinations que la femme doit inventer pour se tirer d'une situation inextricable, où elle s'est mise moins par malice naturelle que par dépit culturel.

Il est remarquable d'ailleurs que l'esprit ne lui vient vraiment qu'au moment où elle doit parer les coups que son mari estime être en droit de lui donner. Ce n'est qu'alors, et en jouant des conventions de langage et de comportement, qu'elle parvient à transformer la vérité en mensonge et inversement. Tout se passe comme si elle était elle-même une lectrice de fabliaux et qu'elle s'était imprégnée de leur esprit. Le mensonge maladroit (expliquer la disparition des perdrix par la gloutonnerie de deux chats) devient une vérité habile (v. 94-95 : «Par saint Martin, il n'y a ici ni perdrix ni oiseau»)[10]. Il est tout aussi vrai qu'un mensonge énorme (vv. 88-89 : «Mon mari vous tranchera les couilles s'il vous attrape») devient une vérité tout à fait plausible si ce mot malsonnant[11] est attribué à un mari jaloux qui surprend sa femme seule avec un prêtre et dont le comportement est d'une menaçante conséquence : il poursuit le supposé galant avec un couteau nu et affûté et lui crie d'une manière qui n'est dépourvue d'équivoque que pour eux deux (vv. 116-119) : «Vous les portez bien échauffées; vous les abandonnerez si je vous attrape!»

PERSPECTIVES POUR CONCLURE

Ce que les considérations précédentes montrent à suffisance et qu'on peut tenir pour assuré, c'est que ce fabliau ne se réduit pas à une banale histoire de tromperie féminine; c'est aussi qu'il met en scène de plaisante manière la fonction sociale du langage et sa force pragmatique.

Toutefois, il n'est guère possible pour le moment d'élargir le domaine des certitudes, tant l'éloignement du contexte médiéval a multiplié les lieux d'indétermination du texte par rapport à ceux qu'y avait déjà ménagés le talent de l'auteur. En ce domaine, la conclusion qu'autorise cette trop rapide analyse est que seul le croisement de plusieurs lectures au départ étrangères l'une à l'autre (lecture érudite par convocation de méthodes, lecture ordinaire se révélant par le transcodage à l'adresse d'un public) permet d'appréhender plus ou moins l'ensemble de ces lieux d'indétermination et, parfois, de les éclairer quelque peu.

Pour valider ces hypothèses et les généraliser, il faudrait procéder à diverses mises en séries, dont beaucoup restent à faire; ainsi, *Les Perdrix* devraient être rapprochées :

— des autres récits brefs du ms 837 qui comportent également un cadrage à valeur exemplaire[12];

— des histoires analogues à notre fabliau déjà répertoriées par Joseph Bédier aux Açores, à Ceylan et au sud de l'Inde, en Gascogne et en Haute-Bretagne[13];

— d'autres récits fondés sur des quiproquos ou mettant en scène un héros faible qui se tire par un bon mot d'une situation inextricable où il s'est placé en contrevenant à son rôle social[14], en étudiant leur liaison avec les fabliaux d'adultère;

— d'autres fabliaux mettant en jeu la castration de clercs (*Connebert*, *Dit des Clers*, *Le Prestre crucefié*)[15];

— d'études plus globales sur le rire médiéval et renaissant[16] ou d'autres qui prennent en compte les rapports du rire avec la différence sexuelle[17]; sans parler d'études sur la vie privée et les habitudes alimentaires du Moyen Âge.

Dans cette enquête passionnante, philologie et didactique peuvent se rencontrer et s'épauler. Grâce aux échos que leur concours éveille dans le texte, l'imagination critique dont parlait le regretté Paul Zumthor[18] peut reconstituer tout un public où, grâce au talent du conteur, le rire circule par la confrontation du langage avec la différence des sexes. Les hommes rient de se croire plus intelligents que leur semblable, victime de la malice de sa femme; les femmes rient de l'innocence de leur mari et se félicitent d'être si avisées... et le jongleur rit sans doute d'eux tous et de son subtil double jeu : c'est à lui que vont les applaudissements pour avoir eu l'air d'improviser ce que «jamais personne n'aurait pu trouver à tête reposée».

NOTES

[1] Un seul manuscrit nous l'a conservé : Paris, B.N. fr. 837 f° 169b-170a (362 feuillets de parchemin). Il ne rassemble pas moins de 252 textes de natures différentes, transcrits au xiiie siècle. *Cf.* le précieux fac-similé de H. Omont, *Fabliaux, dits et contes en vers français du xiiie siècle*, Paris, 1932, et Genève, Slatkine Reprints, 1973. Les citations seront faites d'après W. Noomen et N. Van den Boogaard, *Nouveau recueil complet des fabliaux (NRCF)*, Assen, Van Gorcum, 1988, t. IV, p. 3-12 et 365 (notes), dont le texte est donné en appendice.

[2] A. Lagarde et L. Michard, *Moyen Âge. Les grands auteurs français du programme. Anthologie et histoire littéraire*, Paris, Bordas, 1985, p. 103-104.

[3] Élèves du Collège Saint-Louis (Liège), *Quand des écrivains s'éveillent*, Liège, Infopress-l'Atelier, 1988. Pour la perspective pédagogique, je me permets de renvoyer à L. Gemenne, «Diversification des pratiques d'écriture : une de 'perdrix', dix de retrouvées?», in *Enjeux*, n° 9, mars 1990, p. 37-54.

[4] Plus précisément sémiotiques, comme celle que tentent L.S. Crist et J.A. Lee, «L'analyse fonctionnelle des fabliaux», in *Études de philologie romane et d'histoire littéraire offertes à Jules Horrent (...)*, éd. par J.-M. D'Heur et N. Cherubini, Liège, 1980, p. 85-104.

[5] Cette constatation pose un problème pédagogique de taille. L'écriture des élèves permet de déceler un problème d'interprétation, mais le résout dans le sens de ce qui est peut-être un leurre du texte et, en tout cas, à contre courant d'une lecture «experte». Désigner comme tels les stéréotypes que l'écriture collective cautionne et renforce, n'est-ce pas bloquer celle-ci ou la diriger exagérément?

[6] L'expression est empruntée à J. Rousset, *Forme et Signification*, Paris, J. Corti, 1989, p. 75.

[7] *Loc. cit.*, p. 92.

[8] Une lecture «masculine» de cette invitation peut être imaginée : le vilain, n'ayant pas le droit de chasse, peut considérer la capture de ces perdrix comme un véritable don du ciel et vouloir en quelque sorte en rendre grâce à Dieu en invitant son représentant sur terre. Dans son édition d'un *Choix de fabliaux* (Paris, Champion, 1986 - C.F.M.A. 108), G. Raynaud De Lage rappelle cette interdiction, mais n'en tire aucune interprétation. Que faire, par ailleurs, de certains textes qui font de la perdrix le symbole de la tentation diabolique?

[9] Il s'agit de la version de P. Gaillard et Fr. Rachmühl, *Les Fabliaux*, Paris, Hatier, 1978, p. 61-67 (*Une œuvre -un thème : contes et sketches d'hier et d'aujourd'hui*).

[10] Notons aussi, au passage, le clin d'œil de l'invocation aux saints : saint Lazare (v. 67) évoque le nom du pauvre dans l'évangile du mauvais riche, et saint Martin doit savoir ce qu'il en est du partage!

[11] Sur le mot «couilles» et la portée de ses désignations métaphoriques au Moyen Âge, *cf.* R.H. Bloch, *Étymologie et généalogie. Une anthropologie littéraire du Moyen Âge français*, Paris, Seuil («Des travaux»), 1989, p. 184-188 (traduction de l'édition originale de 1983 par B. et J.-Cl. Bonne).

[12] C'est le cas de plusieurs fabliaux mais aussi de la nouvelle courtoise *La châtelaine de Vergy* dans le même manuscrit. *Cf.* l'édition de ce texte par J. Dufournet et L. Dulac, Paris, Gallimard, 1994 (Folio, 2576).

[13] J. Bedier, *Les Fabliaux*, Paris, Librairie ancienne E. Champion, 1925, p. 203 et 466.

[14] *Cf.*, pour des quiproquos semblables, la 34e nouvelle de l'*Heptaméron* de Marguerite de Navarre et *Les Carrosses d'Orléans* de La Chapelle (1680), déjà signalés par G. Rouger dans sa traduction de *Fabliaux*, Paris, Gallimard, 1978, p. 36-39. Pour les bons mots, *cf.* par ailleurs l'histoire de Chichibio (Boccace, *Décaméron*, VI, 4) que la narratrice raconte

pour montrer que : « la Fortune vient aussi quelquefois au secours des timides, leur soufflant brusquement la repartie que jamais personne n'aurait pu trouver à tête reposée » (traduction de Chr. Bec, Paris, Livre de Poche-Bibliothèque classique, 1994, p. 504-506). Le rapprochement a été étudié par M. Picone, « Dal *fabliau* alla novella : il caso di Chichibio » (*Décaméron*, VI, 4), in *Genèse, codification et rayonnement d'un genre médiéval : la nouvelle. Actes du Colloque international de Montréal* (McGill University, 14-16 octobre 1982), Montréal, 1983, p. 111-122.

[15] *Cf.* J.A. Van Os, « Le Prestre crucefié et le crucifix vivant », in *Marche Romane*, XXVIII, 1978, p. 181-183 (« Épopée animale, fable et fabliau ». Actes du Colloque de la Société Internationale Renardienne, Amsterdam, 21-24 octobre 1977).

[16] *Cf.* le volume collectif *Le rire au Moyen Âge*, Bordeaux, Presses Universitaires de Bordeaux, 1990, et D. Menager, *La Renaissance et le rire*, Paris, Presses Universitaires de France (coll. « Perspectives littéraires »), 1995.

[17] *Cf.* le tout récent et passionnant recueil de G.V. Martin (éd.), *Féminin/Masculin : humour et différence sexuelle*, Cahier de recherche CORHUM-CRIH, n° 3, 1995.

[18] À la fin de *Performance, réception, lecture*, Longueil (Montréal), Le Préambule, 1990, p. 97-120.

Burlesque et humour :
Inversion, discordance et distance

Dominique Bertrand
Université de Provence

Les dissertations sur l'humour ont suscité des spéculations inépuisables, à la manière de «la quadrature du cercle pour les mathématiciens du Moyen-Age»[1]. Quant au burlesque, souvent mal différencié du grotesque, il appartient aussi aux nébuleuses sémantiques.

Sans prétendre relever la gageure d'une carte lexicale cohérente, je me propose de partir des différentes définitions admises pour ces notions, selon une double perspective synchronique et diachronique : l'enjeu étant de restituer, au-delà des spécificités, quelques éléments de convergence formelle entre des pratiques discursives qui semblent avoir un enracinement historique commun aux XVIIe et XVIIIe siècles. Des exemples tirés de Swift, mais aussi de Saint-Amant et de Scarron, permettront de vérifier cette hypothèse.

DEUX ESPÈCES SPÉCIFIQUES?

Si les origines géographiques semblent *a priori* éloigner le burlesque, né en Italie, de l'humour, ce produit britannique, l'emploi des termes correspond aussi à des moments historiques distincts. En France, la conscience du burlesque a précédé globalement celle de l'humour. L'adjectif burlesque a eu d'emblée une acception esthétique. Les origines de la notion d'humour se situent quant à elles dans le domaine de la physiologie des humeurs, et l'usage esthétique du mot est né de l'évolution du sens passif[2] à une signification active, qui a définitivement supplanté la première au XVIIIe siècle et s'est largement exportée hors de l'Angleterre[3].

LE BURLESQUE ET SES ORIGINES PARODIQUES

Dans les emplois actuels du mot *burlesque*, on se réfère tantôt au style ou au genre littéraire — définis au moyen de critères formels bien précis —, tantôt à un concept plus général d'extrême absurdité ridicule : alors que les premières élucidations lexicographiques du terme faisaient d'abord référence à une pratique littéraire[4], la notion élargie s'est imposée progressivement au point d'être première dans les dictionnaires contemporains.

Ainsi, le Grand Robert de la Langue Française propose-t-il, à l'article *Burlesque*, une définition de l'adjectif («d'un comique extravagant et déroutant»), suivie de celle du nom générique («caractère d'une chose absurde et ridicule»), avant de se référer au «Genre burlesque», décrit comme une «parodie de l'épopée consistant à travestir, en les embourgeoisant, des personnages et des situations héroïques». La vogue de ce genre est située au milieu du XVIIe dans la lignée du *Virgile Travesti* de Scarron (1648). Le burlesque est conçu comme «l'inverse du genre héroï-comique», dont l'archétype serait *Le Lutrin* de Boileau (1672), et qui représente «de simples bourgeois ou des gens du peuple, à qui l'on fait prendre des attitudes héroïques et un ton solennel».

Des analyses récentes et plus spécialisées restituent une dimension historique plus étendue à la vogue du burlesque en littérature. Le *Dictionnaire des Littératures françaises et étrangères*[5] précise que le travestissement de l'épopée antique (réécriture d'un genre noble en style bas) est né dès le XVIe en Italie, s'est épanoui au XVIIe siècle en France, a été pratiqué en Angleterre jusque vers le milieu du XIXe siècle. Ce réseau succinct indique la dynamique européenne de la mode des travestissements, ainsi que sa longévité. L'héroï-comique, qui a été désigné comme un «burlesque nouveau» (notamment par Charles Perrault), a connu également une extension très large, se diffusant notamment en Angleterre sous le nom de «mockheroic»[6].

Burlesque et héroï-comique reposent sur des procédés symétriquement inverses, mais ils tendent à se confondre dans la terminologie, comme en témoigne Saint-Amant, dans la préface du *Passage de Gibraltar* (1640), où il présente son œuvre comme un mélange d'héroïque et de «burlesque», puis comme un «caprice héroïcomique»[7]. Les critiques anglais de la fin du XVIIe ne firent pratiquement pas de distinction entre burlesque et héroï-comique[8].

Les avis semblent cependant partagés sur la proximité ou l'irréductibilité du burlesque et de l'héroï-comique[9]. Par ailleurs, certains critiques ont fait valoir la nécessité de distinguer les travestissements stricts d'épopées antiques (genre à part entière) des œuvres parodiques qui transposent les personnages et pas seulement le style, ou encore de celles qui procèdent de jeux de réécriture plus diffus[10].

Pour Littré, le burlesque, la parodie et l'héroï-comique constituent trois espèces du genre *bouffon*. Ces multiples classifications reflètent une oscillation du burlesque entre la discordance stylistique fondée sur l'inadéquation hiérarchique (contraste entre un rang élevé et un langage bas), et l'outrance systématique des effets comiques, apparentée à la déformation caricaturale et au grotesque : ces deux aspects, souvent dissociés dans l'approche lexicographique, sont en fait mêlés dans le burlesque de Scarron comme dans la mode bernesque italienne (Berni, Caporali, Tassoni, Lalli), jeu «comique outré qui use d'expressions triviales pour parler de réalités nobles et élevées»[11].

Discordance et excès peuvent être rattachés à un parti-pris d'inversion systématique «(des) signes de l'univers représenté»[12], que l'on retrouverait dans la parodie littéraire, mais aussi dans la commedia, dans les spectacles de clowns et dans les gags du cinéma burlesque[13]. L'on peut souscrire à une définition minimale du burlesque, comme inadéquation bouffonne entre un style et un sujet. L'utilisation d'expressions grossières pour évoquer des personnages nobles constitue à cet égard la distorsion majeure, heurtant délibérément le bon sens et le bon goût.

HUMOUR *VERSUS* BURLESQUE?

Selon la définition du Petit Robert, l'humour est

une forme d'esprit qui consiste à présenter la réalité de manière à en dégager les aspects plaisants et insolites, parfois absurdes, avec une attitude empreinte de détachement et souvent de formalisme.

La question du référent oppose *a priori* humour et burlesque. Ce dernier se définit très largement en fonction d'une relation de «transtextualité», au sens large, pour reprendre la terminologie de G. Genette[14].

N. Cronk parle plus spécifiquement d'écriture «auto-référentielle» qui dirige l'attention du lecteur davantage vers le signifiant que vers le signifié[15]. Quant à l'humour, il est posé dans une relation au réel, même si celle-ci est précisément problématique :

> On peut le décrire comme une acceptation consciente de différence entre l'idéal et le réel, différence qu'on n'hésite pas à souligner, ce qui est une façon de se dégager[16].

La différence la plus remarquable tient aux techniques de représentation et de codage. L'humour apparaît comme une énonciation paradoxale beaucoup plus large et diffuse que l'inversion burlesque. Celle-ci repose, dans le travestissement de l'épopée comme dans la parodie plus diffuse, sur un code de réécriture. On a souvent rattaché l'humour à une affaire de ton, alors que pour le burlesque, on évoque des questions de style ou de genre.

Le décodage diffère en conséquence.

> La stratégie de base de l'humoriste, on l'a souvent noté, correspond au principe de la litote : elle consiste à masquer la démarche dévalorisante, ou du moins à faire en sorte que le moment de la reconnaissance en soit retardé : tel détail, à peine infléchi dans un certain sens, peut passer inaperçu dans une situation familière d'apparence assez banale. Décrypter le «message» exige donc de l'observateur un plus haut degré de vigilance que la même opération en contexte burlesque, où les stimuli sont évidents ou moins isolés. L'humoriste prend son temps pour arriver où il veut en venir, tandis que nous offrons le nôtre pour le rejoindre là où il veut nous mener[17].

Les différences sont sensibles aussi en termes de jugement sociolinguistique et d'appréciation esthétique. Le burlesque transgresse le bon usage linguistique et a été associé à l'emploi systématique d'un style bas[18]. A l'inverse, l'humour est volontiers associé à une hypercorrection linguistique, à la «pudeur»[19]. L'humour met en jeu une opposition gai/sérieux, restant dans les limites du bon ton[20].

L'abîme socioesthétique qui sépare usuellement burlesque et humour se vérifie dans la relation établie par Bernard Dupriez avec l'esprit. Si l'appartenance de l'humour à cette catégorie plus générale est une donnée indiscutable, ce n'est pas le cas pour le «burlesque», dont la définition ne comporte pas le terme «esprit». Pourtant, si l'on se reporte à cette dernière entrée, le burlesque se trouve mentionné et désigné comme «un comique vulgaire et excessif»[21]. Le critère de la distinction sociale s'impose dans cette confrontation plus ou moins explicite du burlesque et de l'humour[22], largement corroborée par la réception historique des deux phénomènes. Le burlesque a suscité un malaise et un rejet durables : N. Cronk note que les auteurs qui ont le plus écrit sur le burlesque dans les années 1650 sont ceux-là mêmes qui vitupéraient sa vulgarité. A l'opposé, l'héroï-comique a bénéficié en France, comme en Angleterre, d'une vision plutôt laudative[23].

Cette divergence dans la réception renvoie à des problèmes complexes de rapport socio-culturel au rire. Le burlesque suscite un rire franc. A l'inverse, la relation entre rire et humour — et, aussi, à un moindre degré, entre rire et héroï-comique — ne va pas de soi[24]. L'humour, plus distingué, est davantage pince-sans-rire, éludant souvent une réaction physique globalement dépréciée dans notre tradition théologico-culturelle[25]. Ajoutons, pour compliquer encore le problème, que ces différences du rire au sourire renvoient aussi à une économie psychique différente : pour le dire vite, le burlesque verrait une libération du ça, l'instance psychique des pulsions primaires, alors que l'humour, «contribution au comique par la médiation du surmoi», ne saurait «rire à gorge déployée»[26].

Burlesque et humour peuvent aussi être envisagés comme deux modes symétriquement inverses, si l'on part de la définition que Gabriel Naudé proposait du burlesque : c'est «l'explication des choses les plus sérieuses par des expressions tout à fait plaisantes ou ridicules» (*Mascurat ou Jugement de tout ce qui a été imprimé contre le cardinal Mazarin*, SLND, 1649). L'humour tend à l'inverse à adopter une énonciation sérieuse pour décrire des choses ridicules. L'humour, ainsi conçu, semble bien l'héritier du style héroï-comique.

Les hésitations de la terminologie révèlent une convergence autant que la difficulté de définitions strictement rhétoriques. Burlesque, héroï-comique, humour dévoilent une inadéquation entre le mot et la chose, mettant à mal la cohérence du réel. Que l'humour soit particulièrement proche de l'héroï-comique reflète des coïncidences formelles autant qu'historiques.

CONVERGENCES FORMELLES ET COÏNCIDENCES HISTORIQUES

Certaines définitions de l'humour reposent sur la notion-clef de *disconvenance* qui inclut le procédé stylistique burlesque. Baldensperger, le maître de la littérature comparée, écrivait ainsi, dans *son Gottfried Keller*[27], que l'humour consistait en un décalage entre le fond et la forme, recouvrant quatre variantes : la première tient à un désordre de l'organisation logique (digressions ou inversions à la Sterne); la seconde, sociologique, trahit l'opposition entre l'humoriste et les idées reçues du milieu où il vit; la troisième correspond à la définition du burlesque et de l'héroï-comique, puisqu'elle repose sur une disproportion stylistique, consistant «par exemple à décrire un incident trivial avec toute la pompe qu'exigerait un événement grave, à se montrer précis et minutieux dans la description de choses que l'on laisse généralement dans le vague»[28]. Cette classification superpose ostensiblement burlesque et humour, comme le confirme la quatrième variante qui fait intervenir la position de l'énonciateur et évoque la dissonance entre le sujet et l'objet de son inspiration.

Cette inclusion des effets burlesques dans l'humour se retrouve dans bien des définitions contemporaines. H. Morier traite les exemples burlesques empruntés à Scarron et Furetière parmi les différents modes de l'humour, qu'il analyse comme une forme d'«ironie de conciliation», liée au suspens de certaines facultés : en l'occurrence, pour les exemples burlesques, il s'agirait d'un oubli temporaire du respect[29]. Pour L. Duisit, la dévaluation parodique appartient aussi au domaine plus général de l'humour. M. Riffaterre envisage plus ponctuellement l'humour comme un trope, figure susceptible de recouvrir des formes de discordance stylistique burlesque puisqu'il le définit comme une

> [...] catachrèse instituant un décalage entre une forme amusante et un contenu qui ne l'est pas [...] ou entre une forme insolite et un contenu qui dans l'usage exclut toute bizarrerie d'expression[30].

En matière d'humour, on attribue généralement l'invention du mot et de la chose aux Anglais. On sait aussi que le terme anglais constitue un emprunt terminologique au français. L'humour anglais vient du français *humeur*, employé notamment par Corneille, dans le sens de «disposition à la gaieté et à la facétie» :

> Cet homme a de l'humeur.
> — C'est un vieux domestique,
> Qui, comme vous voyez, n'est pas mélancolique[31].

Ce terme d'humeur était alors synonyme d'enjouement.

Ces sources étymologiques indiquent une parenté profonde, que souligne bien Jankélévitch :

> L'humour, c'est-à-dire l'humeur, n'est-il pas le caprice, l'illogisme et l'individualité en révolte contre les lois?[32]

Cet individualisme capricant est en fait une marque des écritures burlesques autant que de la veine humoristique.

Comme pour le burlesque, il convient donc de prendre en compte toute une émergence européenne du phénomène humoresque. R. Escarpit parle d'une tentation baroque de l'humour, qu'il associe à un « goût de l'extravagance, de l'exagération, de la fantaisie déchaînée » : les origines italiennes croisent en partie celles du burlesque, avec la consécration de l'*umorismo*, sous l'égide de l'Académie des Umoristi, fondée à Rome en 1602. Plus largement encore, Escarpit considère que, « hors de toute influence anglaise et dans toutes les littératures », on trouve des auteurs à qui « s'appliquerait fort bien le nom d'humoristes » : en particulier Boccace, Cervantès, Villon, Marot, Rabelais, Molière. Néanmoins, Escarpit maintient la pertinence d'une distinction entre humour conscient et humour inconscient, la diffusion du concept ayant modifié considérablement le paysage humoresque.

Il est également significatif que Béat de Muralt, bernois qui a passé sa jeunesse en France et séjourné en Angleterre, interprète à la fin du XVIIe siècle l'humour anglais comme une forme d'énonciation paradoxale apparentée à des jeux de travestissement :

> [...] sans nous arrêter à la signification du mot, il me paraît qu'ils entendent par là une certaine fécondité d'imagination qui d'ordinaire tend à renverser les idées des choses, tournant la vertu en ridicule, et rendant le vice agréable[33].

Pour Muralt, burlesque et humour procèdent tous deux d'une fantaisie inversante. Il définit le burlesque comme une « imagination » déformante qui s'éloigne du « bon sens » et procède d'un « délire ». Si esprit et monde à l'envers se rejoignent, les échanges entre burlesque, *wit* et humour appelleraient des recherches plus précises qui permettraient de mieux élucider des interactions complexes — que suggère par ailleurs Escarpit.

SUSPENS ET DISCOURS RENVERSANT : LES *INSTRUCTIONS* DE SWIFT

Retenons pour lors que la logique de l'inversion est de fait une constante comique que l'on retrouve derrière les dénominations les plus variées, comme le rappelait Denis Bertrand. Il distinguait précisément humour et ironie[34] :

> l'humour bouleverse l'ordre des régulations syntagmatiques ; il s'attaque à la doxa figée dans l'ordre du langage à travers ses modes d'arrangement convenus, depuis la syntagmation des syllabes (dans le calembour ou mot-valise qui provoquent des collisions) jusqu'aux normes de comportement perçues et reconstruites comme un discours (la syntaxe de la « démarche » par exemple), en passant par les modèles de prévisibilité formulés par la syntaxe narrative et discursive.

L'ironie n'agirait que sur l'axe paradigmatique, autrement dit sur l'axe des sélections, comme

> [un] renversement sémantique opéré au sein d'un paradigme axiologique. L'ironiste sélectionne un terme en le substituant à un autre qu'on était en droit d'attendre à sa place.

Comme l'humour, le burlesque travaille essentiellement sur l'axe syntagmatique, instaurant un jeu d'anamorphose, une rupture avec les perspectives usuelles. A noter que l'humour et le burlesque peuvent se greffer sur le jugement ironique et la critique satirique, mais ils peuvent aussi subsister en dehors de toute finalité significative. En cela, on est tenté d'y voir deux formes proches du « comique absolu », opposé par Baudelaire au « comique significatif »[35].

L'humour et le burlesque, par des voies qui peuvent diverger et s'opposer de prime abord, impliquent *in fine* un jeu verbal à l'état pur qui a pour corollaire une contestation intégrale de la réalité, ce que suggérait Artaud, quand il proposait de redonner à l'humour « son sens de libération intégrale, de déchirement de toute réalité dans l'esprit »[36].

Ce processus d'inversion et de distanciation radicales peut être illustré au moyen d'extraits des *Directions to Servants* (Instructions aux domestiques), texte que son auteur lui-même a désigné comme *humorous*[37] et qui se situe à la période de rencontre historique du burlesque et de l'humour en Angleterre.

Cet ouvrage se caractérise par un goût du détail, du concret, qui participe de l'humour mais relève aussi de l'outrance bouffonne à travers l'accumulation systématique d'injonctions extravagantes. Le délire verbal propre au burlesque point dans la longue énumération relative aux multiples manières de moucher les chandelles :

> There are several ways of putting out candles, and you ought to be instructed in them all; you may run the candle against the wainscot, which puts the snuff out immediately. You may lay it on the floor, and tread the snuff out with your foot; you may hold it upside down, until it is choked with its own grease or cram it into the socket of the candlestick; you may whirl it round in your hand till it goes out; when you go to bed, after you have made water, you may dip your candle end into the chamber--pot [...] But the quickest and best of all methods is to blow it out with your breath, which leaves the candle clear and readier to be lighted[38].

L'esprit parodique de l'ouvrage est confirmé par la concomitance du début de sa rédaction avec celle de *The Art of Polite Conversation*, deux textes que Swift place sur le même plan dans une lettre à John Gay, où il justifie ironiquement sa retraite à la campagne pour la préparation de deux ouvrages « majeurs »[39]. Les *Directions to Servants* reposent sur une inversion trouble, incitation apparente à la subversion de l'ordre hiérarchique :

> When you have done a fault, be always pert and insolent, and behave your self as if you were the injured Person; this will immediately put your Master or Lady off their Mettle[40].

L'opposition apparente d'intérêts entre maîtres et domestiques se trouve explicitée avec force par l'énonciateur anonyme :

> I do most earnestly exhort you all to Unanimity and Concord [...] only bear in Mind that you have common Ennemy, which is your Master and Lady[41]...

Parallèlement, l'instruction du «laquais» («footman»), domestique de haute volée, suggère les moyens de satisfaire un désir de confusion des rangs :

> If your Master or Mistress happens to walk the Streets, keep on one side, and as much on the level with them as you can, which people observing, will either think you do not belong to them, or that you are one of their companions[42]...

Cet ensemble d'instructions énigmatiques hésite ainsi entre subversion et assimilation. La position du *je* de l'énonciation demeure largement insaisissable. Ni du côté des domestiques, ni de celui des maîtres, il avère une instabilité, une relativité proprement humoristique[43] et non ironique : la règle de l'ironie, c'est de feindre d'éprouver un sentiment, puis de faire en sorte qu'il ne puisse pas subsister de doutes sur l'intention du simulateur. Si ces *Instructions*, à la différence de la *Modeste proposition*, apparaissent surtout ludiques[44], il convient de mettre en relation l'instabilité du *je* avec la position complexe de l'auteur. Swift, peut-être enfant bâtard de Sir William Temple, reçu dans sa résidence de Moor Park, n'a-t-il pas nourri une attitude ambiguë à l'égard des grands, mais aussi des domestiques ? Rare, l'intervention du je s'affiche au début des chapitres 1 et 2, alléguant dans le premier cas sa connaissance profonde de la matière traitée (le service du «butler», le «maître d'hôtel»), invoquant dans l'autre son ignorance des modes nouvelles régissant le choix d'un ou d'une cuisinier(e). Ce jeu de masques et de dévoilements successifs structure le texte autour d'une récurrence obsédante du «vous», trouée par l'émergence d'une première personne qui à la fois s'inclut et se met à distance[45].

APPROCHE PRAGMATIQUE : DISCORDANCE ET ÉNONCIATION

Si le sens de l'humour est souvent perçu comme une aptitude à se moquer de soi, l'attitude de l'humoriste selon Mavrocordato[46] s'accompagne d'un dédoublement constitutif entre énonciation impersonnelle et interventions personnelles de l'auteur.

> A tout moment l'on rencontre, chez les écrivains de cette veine, des passages où l'auteur s'interrompt au milieu d'un récit, d'une pensée et se tourne vers nous en une sorte d'aparté. Il nous confie alors un secret personnel, ou nous prend à témoin de la conduite d'un personnage.

Cette approche pragmatique apparaît comme le lieu d'une convergence essentielle entre burlesque et humour. Pour J. Bailbé, l'éthique du burlesque « se révèle dans la façon humoristique de voir les êtres et les choses. En commençant par le détachement du poète à l'égard de lui--même ». De cette attitude, les exemples abondent sous les plumes de Saint-Amant dans les *Visions*[47], mais aussi du maître du burlesque, Scarron, qui a su rire de ses infinies misères. Ainsi, dans *La Foire Saint-Germain* se moque-t-il de son souffle court :

> Ainsi chantait un malheureux,
> Quoi qu'il n'eût quasi point d'haleine,
> Et que son poumon cathareux
> Ne fît sortir sa voix qu'à peine [...]
> Quoi que son chant fût enroué,
> Que ridicule fût sa lyre[48].

Ces vers burlesques illustrent parfaitement l'humour libérateur tel que l'analyse Freud dans un article publié en 1928, où il définit l'être doué d'humour comme celui qui peut rire de lui-même, surtout dans une situation pénible[49]. On comprendra aussi qu'à partir d'un tel exemple archétypal, le burlesque ait pu être associé à la « face noire du rire »[50] : on est tenté d'y déceler de l'humour noir... Sorel, dans sa *Bibliothèque française*, avait exprimé son malaise face au rire de Scarron, soulignant les risques inhérents à une dérision universelle qui s'applique à lui-même[51].

Il apparaît nécessaire de compléter la définition minimale du burlesque suggérée au début de cette étude par l'ajout de ces éléments essentiels de discordance intra-énonciative. J. Rohou propose à cet égard une prise en compte assez complète de l'écart burlesque, qui rejoint à nouveau l'humour :

> [...] est burlesque une œuvre qui vise, sans avoir le plus souvent d'intention satirique, le plaisir facétieux de la discordance entre le thème et le style, l'énoncé et l'énonciation

et à l'intérieur de l'énonciation, par la transgression des normes auxquelles elle se réfère et l'humour de l'écrivain sur lui-même[52].

Le burlesque inclut-il l'humour ou est-ce l'inverse? On constate que l'intersection des deux notions est réelle et que la priorité accordée à l'une ou l'autre l'est souvent en fonction de l'optique choisie. Pour qui pense le burlesque, l'humour se réduit à une composante, même si on tend aujourd'hui à penser plus souvent le burlesque comme une sous-catégorie de l'humour.

Cette contribution ne prétend pas résoudre les problèmes de définitions et de typologies. Ce sont précisément les jeux de recouvrement et de substitution, parfois vertigineux, entre les concepts, qui ont retenu ici l'attention. Il serait vain de légiférer sur le métalangage, le flou terminologique renvoyant aux imbrications des différents procédés comiques dans les textes. Une approche diachronique incite en outre à un croisement fécond de notions aujourd'hui trop souvent dissociées. Les analogies repérées renvoient à un enracinement historique. Les jeux complexes d'implication de l'énonciation burlesque et humoristique témoignent d'un point de rencontre majeur entre deux pratiques comiques qui doivent être repensées dans le cadre de ce que Lipovetsky appelait la «révolution individualiste»[53].

Les *Instructions aux domestiques* de Swift illustrent cette convergence historique du burlesque et de l'humour. La position ambiguë de l'énonciation articule transgression burlesque et dénégation humoristique. Elle met en péril «les formes établies par l'usage qui déterminent la lisibilité du monde et l'identification du sujet»[54]. Une faille s'ouvre entre les signes et le référent, déterminant un comique véritablement absolu, affranchi momentanément de la réalité et de la crédibilité.

Ce cas-limite n'indiquerait-il pas les prolongements philosophiques de ces échappées discursives? La démarche inversante burlesque contient les prémisses d'une «suspension du jugement philosophique, sapant à la base la confiance dans l'ordre même du cosmos» qui est un trait caractéristique de la distance humoristique[55]. L'humour comme le burlesque tend à une distanciation suprême à l'égard du réel, pouvant à la limite évoluer vers un jeu profondément mélancolique.

NOTES

[1] Escarpit, R., *L'humour*, Paris, PUF, 1960, réédité par Que sais-je?, 1994, p. 6.

[2] Au XVIe siècle, un humour désigne un cerveau dérangé, un excentrique à l'instar des personnages que mettra en scène Ben Jonson.

[3] Sur ces questions bien connues, voir Escarpit, *op. cit.*

[4] Furetière rappelle que le mot est venu d'Italie, se référant à la mode bernesque avant d'évoquer le triomphe éphémère du «style» burlesque en France.

[5] Sous la direction de J. Demougins, Paris, Larousse, 1985.

[6] Sur ce point, voir l'étude de Clark, *Boileau and the french classical critics in England*, Paris, E. Champion, Bibliothèque de la Revue de Littérature Comparée, 1925.

[7] *Œuvres*, tome II, éd. J. Lagny, Paris, Didier, STFM, 1967, p. 158.

[8] Voir Clark, *op. cit.*

[9] N. Cronk conteste la validité du rapprochement établi entre la poétique de la génération de Scarron et le «prétendu burlesque» du Lutrin ou du Télémaque travesti («Vers une poétique du burlesque», [in] *Burlesque et formes parodiques*, actes du colloque du Mans, éd. I. Houillon--Landy et M. Ménard, PFSCL, 1988, note 15, p. 331).

[10] Sur ce problème, voir l'étude de G. Genette, *Palimpsestes*, (Seuil, 1988) qui distingue parodie et travestissement; voir également la thèse récente de Thomas Stauder, *Die Literarische Travestie*, Nurnberg, 1993.

[11] *Dictionnaire des littératures françaises et étrangères*, ibid.

[12] *Dictionnaire de critique littéraire*, de J. Gardes-Tamine et M.C. Hubert, Paris, A. Colin, 1993.

[13] *Ibid.*

[14] *Palimpsestes, op. cit.*

[15] Article cité, p. 331.

[16] Dupriez, B., *Gradus, dictionnaire des procédés littéraires*, Paris, UGE, 10/18, 1980, p. 234.

[17] Duisit, L., *Satire, parodie, calembour, pour une esthétique des modes dévalués*, Anma Libri, Stanford University, 1978, p. 76.

[18] Littré, en rangeant le burlesque dans la catégorie du bouffon l'assimile clairement aux ouvrages de l'esprit qui portent le *caractère d'un comique bas* (Paris, Hachette, 1878).

[19] Renard, J., *Journal*, 23 février 1910.

[20] Selon Littré, l'humoriste est «celui qui traite avec gaieté une matière sérieuse».

[21] Au terme d'un inventaire de huit formes non exclusives l'une de l'autre et comprenant le mot d'esprit, le non-sens, la simulation, le persiflage, le jeu de mots, l'ironie et la pointe, l'humour.

[22] L'article «baroquisme» de Dupriez fait intervenir la notion de distinction pour opposer le principe pur du baroquisme, recherche expressive paradoxale, et sa perversion burlesque : «Remarque 6 : s'il manque de distinction, le baroquisme tombe dans le burlesque» (p. 92).

[23] Les traducteurs anglais de Boileau saluent le «goût délicat» du Lutrin (voir la préface d'Ozell, 1708, cité par Clark, *op. cit.*).

[24] R. Escarpit a bien résumé cette relation aléatoire entre l'humour et le rire : «Certains rires sont sans humour et certains humours sont sans rire» (*op. cit.*, p. 86).

[25] Voir à ce propos les travaux de B. Sarrazin, en particulier *Le Rire et le Sacré*, Paris, Desclée de Brouwer, 1991.

[26] Freud, *Der Humor* (L'Humour), 1928, cité par P.L. Assoun, *Freud et le rire*, éd. A.W. Szafran et A. Nysenholc, Paris, Métailié, 1994, p. 43.

[27] Paris, 1899.

[28] J'emprunte cette analyse à la longue introduction d'A. Mavrocordato, *L'humour en Angleterre. Anthologie*, Paris, Aubier-Montaigne, 1967, note 68, p. 35.
[29] *Dictionnaire de poétique et de rhétorique*, Paris, PUF, 1961, p. 615.
[30] *La production du texte*, p. 163.
[31] *La suite du menteur*, III, 1.
[32] *L'ironie*, Paris, Flammarion, 1964, p. 131.
[33] *Lettres sur les Anglais et les Français*, Paris, 1725; éd. E. Ritter, Paris, Le Soudier, 1897, p. 34.
[34] «Ironie et humour : le discours renversant», dans *Humoresques n° 4*, Janvier 1993, p. 35.
[35] *De l'essence du rire et généralement du comique dans les arts plastiques*, Paris, 1855, [in] *Œuvres*, Paris, Seuil, 1977.
[36] *Le théâtre et son double*, Deux notes, Les frères Marx dans *Œuvres complètes*, tome IV, p. 165.
[37] Dans une lettre du 4 décembre 1739 à son éditeur Faulkner, il demande à celui-ci de retrouver ce précieux manuscrit qu'il aurait égaré (voir H. Davis, *Directions to Servants and miscellaneous pieces*, 1733-1742, Oxford, Basil Blackwell, 1964, «Introduction», p. VIII).
[38] «Il y a plusieurs manières d'éteindre les chandelles, et vous devez les connaître toutes : vous pouvez promener rapidement le bout de la chandelle contre la boiserie, ce qui l'éteint immédiatement; vous pouvez la mettre par terre et l'éteindre avec votre pied; vous pouvez la renverser sens dessus dessous, jusqu'à ce que sa propre graisse l'étouffe, ou l'enfoncer dans la bobèche; vous pouvez la faire tourner dans votre main jusqu'à ce qu'elle s'éteigne; en vous mettant au lit, après avoir pissé, vous pouvez tremper le bout de la chandelle dans le pot de chambre [...] mais la plus prompte et la meilleure de toutes ces méthodes est de la souffler, ce qui la laisse nette et plus facile à rallumer» (*Œuvres Complètes*, Paris, Gallimard, Pléiade, p. 1251).
[39] Lettre du 28 août 1731 (*The Correspondence of Jonathan Swift*, edited by F. Elrington Ball, London, 1910--1914, IV, 258--259).
[40] «Si vous avez commis une faute, soyez effronté et impertinent; faites comme si vous aviez vous--même à vous plaindre, votre maître se calmera immédiatement» (traduction E. Pons, *op. cit.*, p. 1243).
[41] «Je vous exhorte tous instamment à l'union et à la concorde [...] ayez toujours présent à l'esprit que vous avez un ennemi commun, qui est votre maître ou votre maîtresse.»
[42] «Si votre maître ou votre maîtresse s'en vont à pied dans la rue, tenez--vous à côté d'eux, et à leur hauteur autant que vous le pourrez. En vous voyant, on croira ou que vous n'êtes pas à eux, ou que vous êtes de leur compagnie...» (Pléiade, trad. E. Pons, p. 1276).
[43] Comme le confirme Jankélévitch, opposant humour et ironie, *op. cit.*, p. 174.
[44] Ce qu'a bien noté Emelina (*Le comique, essai d'interprétation générale*, Paris, SEDES, p. 163).
[45] Cette relation double se cristallise autour du laquais : «I had once the Honour to be one of your Order» («J'ai eu autrefois l'honneur d'appartenir à votre Ordre»).
[46] *Op. cit.*, p. 63.
[47] «Aux origines du burlesque : l'œuvre parodique de Saint--Amant», [in] *Burlesque et formes parodiques, op. cit.*
[48] 1643. Cité dans l'édition de P.L. Jacob, *Paris ridicule et burlesque au XVIIe siècle*, Paris, A. Delahays, 1859, p. 174.
[49] «L'essence de l'humour réside en ce fait qu'on s'épargne les affects auxquels la situation devrait donner lieu et qu'on se met au-dessus de telles manifestations affectives grâce à une plaisanterie» («L'humour», cité par A. Nysenholc et A. Willy Szafran, «L'originalité de Freud», [in] *Freud et le Rire*, Paris, Métailié, 1994).

[50] A. Mansau, article «Burlesque», *Dictionnaire du Grand Siècle*, direction F. Bluche, 1990.
[51] *La Bibliothèque Française*, 1664, Genève, Slatkine, 1979, p. 199.
[52] «Le burlesque et les avatars de l'écriture discordante (1635--1655)», [in] *Burlesque et formes parodiques, op. cit.*, p. 350.
[53] Voir *L'Ere du Vide*, Paris, Gallimard, 1983, p. 179. Louis Lanoix, dans sa thèse sur *Les Burlesques anglais à l'époque augustaine (1699 -1743)*, associe également la crise burlesque à l'émergence problématique de l'individualisme. Paris III, 1979.
[54] Bertrand, D., article cité, p. 40.
[55] Escarpit, R., *op. cit.*, p. 81.

Le comique de la saillie
Étude sémiotique d'une historiette
du marquis de Sade

Marion Colas-Blaise
Centre Universitaire de Luxembourg

D'aucuns diront que les contours du comique sont fuyants. Cela expliquerait d'ailleurs le flot grossissant du discours critique. On est alors confronté aux multiples convocations du concept en psychanalyse, en philosophie, en critique littéraire, ou encore en linguistique. Ceci prouve au moins que le comique n'a pas cessé de faire problème, et l'on retiendra que l'approcher, c'est avant tout ouvrir une zone de questionnement.

Face à la profusion des définitions et descriptions, qui parfois mêlent allègrement les conditions nécessaires et suffisantes, les causes plus ou moins immédiates ou lointaines, fortuites ou récurrentes, face aux distinctions de « genre » et aux tentatives de classification subtiles et souvent spécieuses, certains sont tentés de clarifier le débat. Multipliant les précautions et mises en garde, ils veulent aller au plus simple, proposant, tel Jean Sareil dans son ouvrage *L'écriture comique*, une définition minimale : est comique ce qui fait rire[1].

Sur ces bases, la présente étude est une façon de réexaminer la notion de comique en adoptant avant tout le point de vue de la sémiotique de l'« École de Paris ». C'est faire le pari d'accroître l'intelligibilité du phénomène du comique à la lumière des problématiques nouées en parcours de réflexion qui, depuis quelques années, alimentent l'essentiel des recherches : les processus de typification et de renouvellement des structures du discours et, notamment, la stabilisation et la reconnaissance de différents «styles» ou «formes de vie»; l'articulation de la praxis énonciative collective et de l'énonciation individuelle; ou encore, l'émergence des valeurs et la formation des axiologies à partir des valences, définies dans *Sémiotique des passions* (Greimas et Fontanille, 1991) au niveau des préconditions tensives et phoriques de la signification.

Circonscrivant le champ de pertinence en focalisant l'attention sur la *saillie comique*, on se tournera, d'une part, vers l'espace aval de l'effet de sens «comique» produit et, d'autre part, vers l'espace amont des conditions de réalisation de la saillie comique. La question centrale pourra être celle-ci : en quoi consiste le comique de la saillie ? Et aussi, solidairement : comment — à quels frais et à quelles conditions — la saillie devient-elle comique ?, l'hypothèse étant que toute saillie n'est pas comique, qu'il faut se situer au niveau d'une problématique des formes du discours et de l'utilisation qui en est faite, et donc, en dernier ressort, au niveau (des effets) de la praxis énonciative.

Enfin, on sera sollicité, typiquement, à la fois par l'étude de cas qui permet d'éprouver des modèles descriptifs et d'en vérifier la portée heuristique, et par la proposition théorique. Concrètement, cet essai s'appuiera sur un texte du marquis de Sade — «La saillie gasconne» — extrait de *Historiettes, contes et fabliaux* (le texte est reproduit en annexe). Il y est question d'un officier gascon qui, «sans se faire annoncer», se présente chez M. Colbert pour réclamer la gratification de 150 pistoles que lui a accordée Louis XIV. S'enchaînant sur la plaisanterie montée par Colbert — obliger l'officier à payer au prix fort le dîner auquel il l'a lui-même convié —, la saillie constitue le segment conclusif de l'interaction verbale. Il s'agit pour l'officier de trouver la parade et de faire pièce à la demande qui a été formulée.

On s'emploiera, successivement, à explorer la configuration de la saillie telle que le discours lexicologique permet de la circonscrire et à rendre compte de l'effet de sens «comique» à partir des mécanismes mis en œuvre par la réalisation concrète de la saillie comique et des enjeux qui s'y rattachent. Il s'agira de décrire le style de comportement qui, pour ainsi dire, *supporte* la saillie ainsi que, plus largement, l'incidence du contexte socio-culturel sur son interprétation. On interrogera, enfin, le rôle joué par le rire dans la perspective d'une sémiotique de la transgression.

LA CONFIGURATION DE LA SAILLIE

L'enquête lexicologique permet, d'emblée, d'en dégager les caractéristiques essentielles. La définissant comme «trait d'esprit brillant et imprévu» (*Littré*), ou encore comme «trait brillant et inattendu dans la conversation, le style» (*Robert*), les dictionnaires attestent la permanence d'une forme largement figée par l'usage. Parcourant les paliers de profondeur superposés du parcours génératif de la signification[2], on peut décliner les paramètres qui, de façon récurrente, en composent l'image.

Il y a ainsi, au départ, la collusion d'un aspect — l'«inchoatif» — et d'un coefficient de *tempo*, la vitesse. De ce point de vue, la saillie relève de la «poétique de la concentration» qui, selon Cl. Zilberberg, «commande un certain nombre de genres discursifs plus ou moins sauvages : les blagues, les métaphores spontanées, les slogans, les maximes, les mots d'enfant pour les adultes, les jeux de mots..., lesquels tirent leur force de frappe de leur soudaineté» (1992 : 107). C'est revendiquer l'immédiateté contre les délais et les détours. Plus précisément, sous l'effet de la valeur vive, la séquence hâte sa conclusion, le début précipite la fin. Parole de l'instant, «saillance aspectuelle», la saillie participe de l'éclat dont elle a l'intensité. Elle a la signifiance du *survenir*[3], s'enlevant sur le devenir qui, d'une certaine façon, la porte et tend vers elle.

Du point de vue des structures sémio-narratives et des investissements sémantiques abstraits, la saillie n'est telle qu'à perturber un ordre de prévisibilité. Comme en témoignent les lexèmes «inattendu» et «imprévu», elle inquiète ou bouleverse les programmations et les balisages qu'elles impliquent.

Enfin, tirant sa force de ses limitations mêmes, la saillie fait valoir son intégrité : manifestée par le lexème «brillant», celle-ci peut résulter de ces correspondances qui, idéalement, se tissent entre la forme du contenu et celle de l'expression, de cette adéquation parfaite où se nouent le dire et le dit, qui signale la réussite esthétique[4].

Cependant, au terme de ces explorations, la même question insiste : dans quelle mesure les traits ainsi isolés peuvent-ils favoriser l'émergence et la saisie de l'effet de sens «comique»? Cette question concerne également l'état et le statut de l'auteur de la saillie et/ou du metteur en scène de la «plaisanterie» qui l'occasionne ainsi que, au même titre, ceux de l'observateur que le spectacle intersubjectif à la fois présuppose et fonde comme tel.

LA PRODUCTION DE L'EFFET DE SENS « COMIQUE »

Retour donc au texte et à l'usage qui y est fait de la saillie. On a affaire, avec l'exemple choisi, à un enchaînement de répliques, un chassé-croisé de focalisations, de dé- et de re-focalisations dont l'analyse micro-discursive permet de démonter le mécanisme. Selon les propositions de J. Fontanille concernant la polémique conversationnelle, chaque prise de parole est à considérer « à la fois comme une énonciation nouvelle et une réénonciation de la prise de parole précédente » (1984 : 53). Dans un cadre polémico-contractuel, le sens se négocie alors à coups d'avancées et de retraits, de confirmations et de rebonds.

Globalement, on assiste ici à des tentatives répétées de contrôle du discours par réaménagement de deux parcours figuratifs stéréotypés, et désolidarisation des parcours avec les thématisations qui, traditionnellement, les prennent en charge. Concrètement, le Gascon pervertit la distribution des figures à l'intérieur de deux parcours syntagmatiques : « commander (de la nourriture) - consommer - payer », d'une part, et « accepter une invitation - entretenir des relations sociales - remercier », d'autre part. A travers l'énoncé inaugural — « Volontiers, aussi bien je n'ai pas dîné » —, il forge un parcours inédit du type « accepter une invitation - consommer - remercier ». Il (pro)pose une thématisation composée, reconduisant le thème de l'/hospitalité-sociabilité/ tout en introduisant celui de la /restauration/.

La dynamique créée par ce déséquilibre au sein de la thématisation complexe place la suite du dialogue dans sa dépendance. Elle est consacrée à l'exploration méthodique, voire mécanique, des combinaisons engendrées par le « parasitage » des parcours figuratifs. C'est ainsi que, retenant 50 pistoles pour le dîner (au lieu des 20 sols que coûte le repas à l'auberge), le plumitif fabrique un parcours hybride du type « accepter une invitation - entretenir des relations sociales - payer » : il focalise le thème de l'/hospitalité-sociabilité/, tout en confirmant celui de la /restauration/. Face à cela, la thématisation inaugurale ayant été mise en échec, le Gascon opte pour une polarisation sans ambiguïté, affectant le thème de l'/hospitalité-sociabilité/ d'une valeur nulle : « Cadédis, cinquante pistoles, il ne m'en coûte que vingt sols à mon auberge ».

Ecartelé entre des points de vue incompatibles, le dialogue s'achemine vers la saillie, le rebondissement après l'accord ponctuel — « Eh bien soit, dit le Gascon [...] » —, sa culmination en même temps que sa fin. A la structure de renvoi dans laquelle s'enferme le « ou... ou » de la binarité (le thème de la /restauration/ ou le thème de l'/hospitalité-sociabilité/), la saillie, tout comme la «plaisanterie» qui l'inspire, oppose la force inventive — en même temps que subversive — de la conciliation : l'accent est mis, cette fois, sur le thème de la /restauration/ — le Gascon se substituant à son hôte et acceptant de payer : «[...] j'amènerai demain un de mes amis et nous serons quittes» —, avec une minoration du thème de l'/hospitalité-sociabilité/ : le prix du dîner, point ordinaire, répercute l'«avantage» qu'il a de dîner avec le ministre.

La question du comique, cependant, reste entière. Elle se fait d'autant plus pressante que s'enchaînant sur la réplique du plumitif, la saillie exacerbe et exhibe les tensions latentes. Elle pousse à l'extrême — jusqu'au renversement de «dominance» à l'intérieur de la thématisation complexe — les tentatives de conciliation d'options qui ne se définissent, traditionnellement, qu'à s'exclure mutuellement : d'une part, l'exaltation de l'ordre hiérarchique et des formes de pouvoir qui s'y rattachent ; d'autre part, l'instauration d'un type de réciprocité généralisée, fondé sur l'égalité de toutes les parties.

En effet, en mesurant le «prix» d'un dîner «avec le ministre», le plumitif fait appel, fût-ce à des fins ludiques, à une morale sociale appuyée sur les structures de l'échange marchand. Il entre dans une logique arithmétique nécessairement incompatible avec celle du prestige et de la prééminence nobiliaires : intégrant la générosité et le don — «Un officier gascon avait obtenu de Louis XIV une gratification de cent cinquante pistoles...» —, celle-ci n'admet comme «contre-partie» ou «contre-don» que le remerciement, le respect et l'admiration. Ainsi, selon A.J. Greimas et J. Fontanille, l'admiration recouvre un «superlatif absolu transitif», comparant l'individu, non point à d'«autres individus (supposés ou réels)», mais «à la totalité des individus appartenant à la même catégorie» (Greimas et Fontanille, 1991 : 184). Or, entée sur la «plaisanterie», la saillie, on le sait, expérimente la mise en équivalence des objets de valeur échangés ; l'enfilade de mesures rythmiques isosyllabiques serait, d'ailleurs, comme la figure visible, en surface, de l'équilibrage au plan du contenu.

Il ne suffit point alors de dire que le comique s'accommode des tensions, voire les réclame et s'en nourrit. Si la saillie déclenche le rire, c'est d'abord en raison de l'actualisation de traits inscrits dans son immanence.

Si la tension nouée au fil des répliques se résout en gaieté, c'est sans doute parce que la saillie propose une alternative jugée elle-même ludique, incongrue en même temps qu'invraisemblable, frappée d'«irréalité». Le programme narratif projeté doit pouvoir être rapporté à l'axe du paraître et à la construction d'un simulacre par débrayage, d'une de ces positions qu'à la faveur d'un décalage véridictoire, l'auteur de la saillie invente dans son imaginaire. On sait que l'histoire «pour rire» ne tire pas à conséquence. Le contenu de la saillie ne doit donc pas être sous-tendu par le *devoir-être* et le *croire-être*[5] qui engageraient l'avenir, en imprimant au devenir une orientation et en fondant une attente. Le simulacre comique n'est à l'origine d'aucune programmation susceptible de régir le faire ultérieur du sujet.

De fait, il faut que la saillie s'en tienne à une (re)mise en question et en jeu de l'institué, sans instaurer ni contre-ordre ni contre-loi stabilisés. S'agissant des transformations aléthiques que l'on peut représenter à l'intérieur d'un carré sémiotique[6], on dira que le Gascon se contente de focaliser la position *ne-pas-devoir-être*, réintroduisant la contingence par la négation de la nécessité, contre la distribution réglée des contenus sur les versants symétriques de la binarité bien/mal, permis/interdit. Il semblerait que le rire soit ici favorisé par une suspension de l'axiologique, une mise entre parenthèses des valeurs consacrées contribuant à produire cette distanciation de l'observateur que le rire paraît présupposer ici comme une étape obligée d'un parcours de «mise en condition». Elle induirait la «dé-sensibilisation»[7] qui, au niveau des préconditions tensives et phoriques de la signification (Greimas et Fontanille, 1991), ébranle l'adhésion aux valences elles-mêmes, c'est-à-dire à la valeur des valeurs traditionnellement associées aux choses.

Plus exactement, on dira que pour être reçue comme comique, la saillie doit bloquer l'accès aux trois sphères axiologiques que sont le vrai, le bien et le beau. Attestant lui-même une expérience perceptive et sensitive euphorique, une mobilisation pragmatique, mais aussi cognitive et pathémique, le rire ne *prend* sans doute que dans un milieu d'exception. Les valeurs normées mises hors circuit, le comique occupe une position en décalé, assimilable ni au discours répétiteur de culture, ni véritablement à la dénonciation ou à la contestation. Il semble tenir dans l'exact instantané de la dénégation[8], dans l'entre-deux à égale distance de la reconduction pure et simple et de la construction d'un nouvel univers de sens, là, précisément, où les contenus sont dé-liés, délestés des valences attachées aux choses, et dépouillés des valorisations collectives accumulées sur elles.

Enfin, il ne s'agit point ici de projeter la saillie sur la toile de fond d'une axiologie esthétique et d'en vérifier la conformité à des normes et des modèles. De même, si le détachement de l'observateur à l'égard des valeurs consacrées peut s'accompagner, voire se renforcer de l'*impres-*

sion esthétique créée par les corrélations entre les plans de l'expression et du contenu, la saillie comique ne va pas jusqu'à provoquer l'intime accord, sujet et objet confondus, qui semble être le propre de l'*émotion* esthétique. L'observateur n'est pas davantage dépossédé de lui-même, happé par le survenir, cette «valeur critique de *tempo* susceptible, selon Cl. Zilberberg, «d'affecter le sujet [...] selon la *surprise*, sinon la *stupeur* [...]» (1993 : 68). Certes, la réponse du Gascon *interpelle*, par les figures et motifs que retient la manifestation discursive. La saillie, et la «plaisanterie» dont elle s'autorise, n'en apparaissent pas moins comme le produit fabriqué et prévisible d'un agencement de répliques largement maîtrisé[9].

Il est ainsi possible de déterminer comme un *seuil minimum de recevabilité* du comique de la saillie. En même temps, il faut pousser plus avant la réflexion sur ce qui contribue à contraindre fortement la réception de la saillie gasconne, prescrivant à l'observateur une position d'identification. Force est alors de se porter vers l'espace amont des conditions d'effectuation de la saillie.

LA DÉSINVOLTURE, UN STYLE DE COMPORTEMENT

De ce point de vue, la saillie apparaît comme une manifestation discursive possible, privilégiée même, et somme toute prévisible, de la *désinvolture* de l'officier : «Lequel de vous autres, messieurs, [...] lequel, je vous prie, est M. Colbert?», ou encore : «Une vétille, monsieur, ce n'est qu'une gratification de cent cinquante pistoles qu'il faut m'escompter dans l'instant».

Il y aurait ainsi, débordant le cadre de la saillie, une attitude au monde définissant un style de vie ou de comportement. L'important, c'est alors une certaine manière d'être (en faisant) rendue sensible, un certain traitement appliqué aux contenus, en deçà des investissements sémantiques plus ou moins particularisants et des énonciations plus ou moins singularisées. Ce que J. Fontanille appelle une «déformation cohérente du discours» (notamment 1993 : 19) renvoie à un ensemble de sélections opérées aux différents paliers de profondeur du parcours génératif.

La désinvolture se présente ainsi comme une configuration discursive homogène reposant sur le choix d'un *tempo* : l'allure vive, l'accélération qui rompt avec la vitesse stabilisée, la «détension» qui relaie la «rétention» contenue, selon Cl. Zilberberg (1992 : 59-60), dans la régularité.

Au coefficient de *tempo* s'allie étroitement une valeur aspectuelle, celle de l'inchoativité ou, plus exactement, l'inchoatif et le terminatif étant précipités l'un vers l'autre, on assiste à une intensification dans l'instant. C'est bien là ce que traduisent, concrètement, la dépression des formes (ou formules) de politesse, le bouleversement de l'étiquette réglementant et régularisant les rapports sociaux, et la mise à mal de la rhétorique convenue, qui cultive l'esquive et l'allusion. Tout est circonscrit d'emblée, et nulle marge n'est laissée à l'incertitude, à l'attente ou au délai.

Cette mobilisation dans l'instant, qui efface toute projection ou rétrospection, s'accorde alors avec la figure du non-attachement que traduit le lexème «vétille». Les différences d'appréciation entre le sujet individuel et le sujet collectif révélant un désaccord sur l'évaluation de la valeur, ce sont les valences elles-mêmes qui sont mises en question. Aussi la figure du non-attachement renvoie-t-elle à la modalisation de l'objet de valeur et de la jonction selon le *ne-pas-devoir-être*[10] et le *ne-pas-vouloir-être*. Quand l'avant et l'après sont rabattus sur le présent, quand l'attente s'annule dans la coïncidence de l'instant, aucune relation forte de désir ne se dessine[11]. Il n'y a pas, à proprement parler, d'objet générant la quête et lançant un programme de conjonction. Si la désinvolture est souvent jugée péjorativement par l'observateur social — selon le *Petit Robert*, la personne désinvolte «fait montre d'une liberté un peu insolente, d'une légèreté excessive» —, c'est peut-être parce que, comme dans notre exemple, la «liberté» revendiquée et exhibée est d'abord celle d'être contradictoire : contradiction spectaculaire, quand au programme de conjonction proclamé avec force — «[...] ce n'est qu'une gratification de cent cinquante pistoles qu'il faut m'escompter dans l'instant» — correspond l'insignifiance de l'objet de valeur. Enfin, si la «liberté» désinvolte dérange et déroute, c'est sans doute parce que la «délibération» et l'«engagement» censés, selon Cl. Zilberberg (1992 : 68-69), se nouer à la «délivrance», à la «libération» et au «dégagement» sont comme interceptés, indéfiniment reportés. La désinvolture agit, semble-t-il, sur le «point libertaire» — «un syncrétisme tel que le sujet est, se sent, se croit à la fois libéré et libre» —, provoquant l'allongement critique du «temps d'arrêt» et sa déconnexion avec le «temps d'élan»[12]. Le sujet désinvolte reste en deçà de la provocation et du scandale, cultivant l'«individualité» plutôt que la «singularité» par exclusion[13].

La saillie apparaît ainsi comme un type possible de manifestation discursive de la désinvolture qui lui fournit sa base : tensive et aspectuelle (l'immédiateté), pathémique (le non-attachement) et modale (les transformations affectant les modalités aléthiques et volitives). Le style de comportement fonctionne alors comme un ensemble de déterminations qui pèsent sur le décodage de la saillie en augmentant le degré d'efficience des menées micro-discursives. Enfin, s'y superpose exactement le rôle thématique du Gascon, qui projette autour de lui un espace fortement codifié. La saillie, d'ailleurs, vérifie son appartenance à une classe de discours — «les saillies de la Garonne» —, pour y puiser une légitimité.

Sur ces bases, il est possible de dégager un *syntagme discursif* caractéristique de la *saillie comique*. Il articule au moins trois composants : la mise en condition par actualisation de la désinvolture; la construction du simulacre; les transformations modales qui conditionnent le vide pathémique (la «dé-sensibilisation») et le court-circuitage des jugements de valeur. Se greffant là-dessus, le rire sanctionne le bon déroulement du syntagme. On s'aperçoit en même temps que convoquée dans le discours comique, la désinvolture est elle-même surdéterminée par le simulacre; passant sur l'axe du *paraître*, elle échappe à toute moralisation négative.

DES CONDITIONS NÉCESSAIRES À LA «CONDITION FIGURALE» DE LA SAILLIE COMIQUE

Rassemblant les données de l'analyse, on peut avancer que l'écriture comique est interstitielle, cultivant l'entre-dit; elle est ce battement qui précède l'acte de ressaisie et de reconstruction, avant que ne prenne forme un nouvel univers de valeurs stabilisé.

Le comique de la saillie est ici tributaire de l'orchestration d'un ensemble d'éléments complémentaires ou convergents, où se nouent, de manière solidaire, des stratégies micro-discursives articulées aux règles conversationnelles et aux structures macro-discursives, et un style de comportement. Il revient à la désinvolture d'actualiser certains des traits inhérents à la saillie — l'association entre un coefficient de *tempo* et un aspect, c'est-à-dire une certaine *manière* de présenter les contenus — et de donner à la saillie un contenu sémantique abstrait (le détachement à l'égard des valeurs instituées...).

De fait, il convient de faire la part des caractéristiques de la saillie qui, telles que les correspondances engageant solidairement les plans du contenu et de l'expression, renforcent l'interprétation de l'énonciataire, sans toutefois la contraindre. S'y ajoutent les conditions nécessaires à la production de l'effet de sens «comique» (l'intensification dans l'instant, la construction du simulacre, l'opération de dénégation...). Cherchant à évaluer leur incidence sur les propositions de sens, on s'aperçoit qu'elles ne constituent pas, du moins considérées isolément, des conditions suffisantes.

Renvoyé au contexte socio-culturel, on se demandera si la saillie comique n'est pas un type de manifestation discursive à placer dans la dépendance de ce que Cl. Zilberberg (1993 : 66) appelle une «condition figurale» : en l'occurrence, la clôture et l'organisation hiérarchique de l'espace du sujet classique, ordonné autour des valeurs traditionnelles.

Face à la menace que la désinvolture fait peser sur l'ordre établi, le traitement que le comique applique aux contenus serait une façon d'aiguiller et de canaliser la dynamique de transgression, de la récupérer au profit de l'amusement collectif. Il s'agit moins de neutraliser la poussée subversive que l'avivant et l'orchestrant, de savoir tirer profit de la déviance tout en l'inscrivant dans les structures traditionnelles, en la ramenant à une régularité de comportement, en lui donnant un caractère institutionnel. L'énonciation inédite et singulière est ainsi célébrée et prise en charge, en dernier ressort, par l'énonciation collective elle-même, exploitée et disciplinée par elle.

Tant il est vrai que le rire est «inséparable du sens» (Boutet, 1985 : 122). Plus que d'une politique du compromis, il procède ici d'une éthique et d'une esthétique de la dépense inutile, de la consommation et de la consumation somptuaires. Liées à la logique du don — «on ajouta cinquante pistoles à la gratification du Gascon [...]» —, celles-ci vérifient, en définitive, la normalité réaffirmée.

VERS UNE SÉMIOTIQUE DE LA TRANSGRESSION

Contenu dans ces limites, le plaisir, il est vrai, est voué à l'épuisement. D'ailleurs, le rire apposant sa sanction et tout rentrant dans l'ordre, l'épisode se clôt : «La réponse et la plaisanterie qui l'avait occasionnée amusèrent un instant la cour».

La question qui pointe est alors celle de l'exploitation du rire par le discours de la transgression sadien. La saillie comique ressortit sans doute à la stratégie du détour et de la médiation, telle qu'on peut l'observer dans les historiettes de Sade. Au même titre que, par exemple, la prétention répétée à la véridicité[14], elle procède d'une nécessité du discours qui, tout en évitant l'énonciation frontale, veut répercuter, en les amplifiant même, les tensions souterraines parcourant l'espace social. Par le biais du rire, «finalement jamais innocent ni inoffensif» (Defays,

1994 : 96), il s'agit de satisfaire à deux exigences contraires : garantir l'*énonçabilité* des transgressions à l'intérieur de textes destinés à la publication non clandestine, mais aussi, à contre-courant et comme souterrainement, en revendiquer l'impact subversif.

Ainsi, sans doute, à ce niveau supérieur d'intégration, l'ambiguïté maintenue, l'indécidable que rien ne réduit ni ne récupère peuvent provoquer le «plaisir du texte», tel que l'entend R. Barthes (1973 : 11) quand il écrit : «[...] que les jeux ne soient pas faits, qu'il y ait un jeu».

BIBLIOGRAPHIE

Barthes, Roland (1973), *Le plaisir du texte*, Paris : Seuil.
Bertrand, Denis (1993), «La justesse», *RSSI* 13 (1-2), «Les formes de vie» : 37-51.
Boutet, Daniel (1985), *Les fabliaux*, Paris : Presses Universitaires de France.
Colas-Blaise, Marion (1992), «De l'historiette au conte philosophique, ou les enjeux du croire», *Études romanes* VI : 79-102, Luxembourg : Publications du Centre Universitaire de Luxembourg.
Defays, Jean-Marc (1994), «La rhétorique, la sémiotique et le comique», *RSSI* 14 (3), «La rhétorique et la sémiotique» : 81-101.
Fontanille, Jacques (1984), ««Cause toujours... je focalise». Remarques sur la polémique conversationnelle», *Actes sémiotiques-Bulletin* VII (30), CNRS, «Polémique et conversation» : 44-53.
Fontanille, Jacques (1993), «Le cynisme», *Humoresques* 4, numéro spécial «Sémiotique et humour», 9-26.
Greimas, Algirdas Julien, et Fontanille, Jacques (1991), *Sémiotique des passions. Des états de choses aux états d'âme*, Paris : Seuil.
Jardon, Denise (1988), *Du comique dans le texte littéraire*, Bruxelles : De Boeck-Duculot.
Nies, Fritz (1973),«Das Ärgernis Historiette, für eine Semiotik der literarischen Gattungen», *Zeitschrift für romanische Philologie*, 89 : 421-439.
Quéré, Henri (1992), *Intermittences du sens*, Paris : Presses Universitaires de France.
Quéré, Henri (1994), *Récit. Fictions. Écritures*, Paris : Presses Universitaires de France.
Sade, le marquis de (1968 [1926]), «La saillie gasconne», in *Historiettes, contes et fabliaux*, Paris : 10/18 : 20-21.
Sareil, Jean (1984), *L'écriture comique*, Paris : Presses Universitaires de France.
Zilberberg, Claude (1992), «Présence de Wölfflin», *Nouveaux Actes sémiotiques*, 23-24, Limoges : PULIM.
Zilberberg, Claude (1993), «Le schéma narratif à l'épreuve», *Protée*, 21 (1), «schémas» : 65-87.

ANNEXE

*La saillie gasconne**

Un officier gascon avait obtenu de Louis XIV une gratification de cent cinquante pistoles, et son ordre à la main, il entre, sans se faire annoncer, chez M. Colbert qui était à table avec quelques seigneurs.

— Lequel de vous autres, messieurs, dit-il avec l'accent qui prouvait sa patrie, lequel, je vous prie, est M. Colbert?

— Moi, monsieur, lui répond le ministre, qu'y a-t-il pour votre service?

— Une vétille, monsieur, ce n'est qu'une gratification de cent cinquante pistoles qu'il faut m'escompter dans l'instant.

M. Colbert, qui voyait bien que le personnage prêtait à l'amusement, lui demande la permission d'achever de dîner et pour qu'il s'impatiente moins, il le prie de se mettre à table avec lui.

— Volontiers, répondit le Gascon, aussi bien je n'ai pas dîné.

Le repas fait, le ministre, qui a eu le temps de faire prévenir le premier commis, dit à l'officier qu'il peut monter dans le bureau et que son argent l'attend; le Gascon arrive... mais on ne lui compte que cent pistoles.

— Badinez-vous, monsieur, dit-il au commis, ou ne voyez-vous pas que mon ordre est de cent cinquante?

— Monsieur, répond le plumitif, je vois très bien votre ordre, mais je retiens cinquante pistoles pour votre dîner.

— Cadédis, cinquante pistoles, il ne m'en coûte que vingt sols à mon auberge.

— J'en conviens, mais vous n'y avez pas l'avantage de dîner avec le ministre.

— Eh bien soit, dit le Gascon, en ce cas, monsieur, gardez tout, j'amènerai demain un de mes amis et nous serons quittes.

La réponse et la plaisanterie qui l'avait occasionnée amusèrent un instant la cour; on ajouta cinquante pistoles à la gratification du Gascon, qui s'en retourna triomphant dans son pays, vanta les dîners de M. Colbert, Versailles et la manière dont on y récompense les saillies de la Garonne.

* Sade (1968 [1926]), *Historiettes, contes et fabliaux*, Paris : 10/18 : 20-21.

NOTES

[1] *Cf.* J. Sareil : « Si l'on me demande ce que c'est que le comique, la seule réponse à laquelle je puisse entièrement souscrire est ce qui me fait rire » (1984 : 10). Voir également D. Jardon : « [...] dans ce livre, 'comique' sera considéré comme une expression générique recouvrant toutes les formes tant gestuelles que verbales qui nous font rire et même sourire » (1988 : 9).

[2] On sait que sous sa forme triadique (Greimas et Fontanille, 1991 : 75), le parcours génératif de la signification articule le niveau des préconditions de la signification (niveau précognitif de la tensivité phorique), le palier sémio-narratif catégorisant (comportant lui-même les structures élémentaires — relations de contradiction, d'implication et de contrariété — et les structures narratives) ainsi que le niveau du discours (où l'instance de l'énonciation convoque, lors de la mise en discours, des grandeurs continues issues des préconditions de la signification, et des grandeurs de l'ordre du discontinu. Le parcours

génératif constitue un instrument heuristique et un outil méthodologique de représentation indissociable de la vision sémiotique de la signifiance.

[3] Voir à ce sujet Cl. Zilberberg, qui distingue les récits fondés sur l'«option du devenir» de ceux «fondés sur une option différente, à savoir le survenir, le revenir, voire la combinaison des deux» (1993 : 68).

[4] A propos de l'«intégrité» de l'objet poétique, voir H. Quéré (1992 : notamment 145-174 et 1994 : notamment 219-254).

[5] Voir à ce sujet A.J. Greimas et J. Fontanille (1991 : 78).

[6] Voir notamment A.J. Greimas et J. Courtés (1979 : 11-12).

[7] Alors que dans le cas du cynisme, «le premier rôle du rire est [...] de dé-sensibilisation» (Fontanille, 1993 : 13), la dé-sensibilisation opérée par la désinvolture du Gascon (*cf. infra*) apparaît ici comme une condition nécessaire à la naissance même du rire.

[8] *Cf.* également J. Sareil : «Une caractéristique majeure du comique est d'être négatif. Même s'il n'entend pas démolir, et que la plaisanterie soit sans méchanceté, il est forcément contre. Jamais il ne nous fait connaître les sentiments positifs de l'auteur, sinon par implication» (1984 : 31).

[9] Tout se joue entre surprise et attente comblée : «En même temps que les choses arrivent, nous les voyons arriver. Pour qu'il y ait comique, il faut que ce qui se produit soit saugrenu et en même temps soit la conséquence de quelque chose que le public savait déjà» (Sareil, 1984 : 108).

[10] Au sujet des deux «devoir-être produisant des effets aussi différents que l'utilité et l'attachement», voir Greimas et Fontanille (1991 : 124).

[11] Selon le *Petit Robert*, le «laisser-aller», soit l'«absence de contrainte dans les attitudes, les manières, les comportements», constitue un des synonymes de la «désinvolture».

[12] «La liberté est un terme complexe conjuguant un temps d'arrêt et un temps d'élan, une issue et un départ» (Zilberberg, 1992 : 68-69).

[13] Au sujet des variations qualitatives de la quantité, voir notamment J. Fontanille (1993 : 18).

[14] D'après La Combe, l'«historicité» est un trait distinctif du genre de l'historiette, qui relate des «petits faits» par opposition au conte «ordinairement fabriqué à plaisir» (cité par F. Nies, 1973 : 429). En même temps, on sait que, dès le xviie siècle, l'historiette n'est plus à l'abri de l'infiltration d'éléments de fiction. Il convient de reconsidérer la problématique du genre à la lumière du contrat *énonciatif* que l'énonciateur conclut avec l'énonciataire et qui vise, notamment, à disculper l'énonciateur d'une possible accusation de subversion. Au sujet des deux composantes du contrat énonciatif — les menées réalisantes, mais aussi les mises à distance non- ou dé-réalisantes, voir Colas-Blaise (1992).

Le calembour créateur chez Apollinaire et Cocteau

David Gullentops
Vrije Universiteit Brussel

Jacques Dubois a montré que le jeu de mots a été introduit pour s'opposer et faire concurrence au mode d'expression métaphorique. Si le romantisme avait avancé la métaphore, ainsi que ses formes apparentées, comme le seul véritable instrument capable de produire du sens, voire comme «l'emblème idéologisé de la forme poétique» (Dubois, 1983 : 83), le symbolisme s'est attaché à remettre en question l'hégémonie de cette formule. Les écrivains symbolistes s'interrogeaient sur le rapport «arbitraire» entre expression et contenu et accordaient une attention particulière aux signifiants du discours, qu'ils dotaient d'une fonction révélatrice de sens tout aussi, sinon plus riche que les signifiés. C'est donc au jeu de mots que certains d'entre eux, comme Corbière, Mallarmé ou Maeterlinck, ont eu recours pour subvertir la tradition d'expression métaphorique. D'ailleurs, comme il va s'avérer, le calembour s'accorde parfaitement aux principes de base de la composition du poème et remplit une série de fonctions indispensables à l'évolution du sens poétique. En dépit de pareilles qualités, il restait néanmoins victime d'un préjugé socio-culturel qui l'empêchait de faire partie intégrante du discours poétique. Faut-il ajouter à cela le préjugé moral d'une société bourgeoise qui s'opposait à son emploi parce qu'il révélait, intuition que confirmera la psychanalyse, une réalité autre, trop insidieuse et de préférence à dissimuler.

Pour que le calembour ait pu obtenir un statut équivalent à celui de la métaphore, qu'il ait pu être reconnu comme générateur de sens et comme modalité d'expression du discours poétique, il a donc fallu attendre que les poètes tiennent moins compte de l'éthos culturel et du jugement moral qui pesaient sur certains types d'expression langagière. Une période qui est celle du début du XXe siècle et où les principaux artistes à promouvoir de nouvelles formes poétiques sont, entre autres, Guillaume Apollinaire, Max Jacob, Raymond Roussel, Marcel Duchamp, Robert Desnos et Jean Cocteau.

Si l'apparition du calembour en poésie peut être expliqué du point de vue historique, son emploi se justifie également sur le plan proprement poétique. En tant que mécanisme formel, il se rapproche en effet d'une part de la rime, d'autre part de l'anagramme. Depuis la poésie médiévale, les rimes, qu'elles soient externes ou internes, contribuent à relier les lexèmes sur base d'une analogie de forme et de sens. Ce double rapport résulte du fait que les rimes se trouvent à une position cruciale du vers — en règle générale, les rimes externes à la fin et les rimes internes à l'hémistiche — et qu'elles sont donc particulièrement exposées à l'attention de l'auditeur ou lecteur. L'analogie sur le plan des signifiants est requise comme une sorte de réponse donnée dans le second vers à l'attente créée par le stimulus de la fin du vers précédent tandis que le rapport sur le plan des signifiés est gouverné par le contexte thématique. Mais alors que la rime consiste à inscrire un lexème dans un réseau d'analogie formelle et thématique, le calembour préserve l'analogie formelle sur le plan phonique, tout en faisant varier l'orientation de la thématique. Deux vers de Victor Hugo, qui sont habituellement rangés parmi les jeux de mots, illustrent cette différence :

> Gall, amant de la reine alla, tour magnanime,
> Galamment, de l'arène à la Tour Magne, à Nîmes.

Il apparaît que ces deux vers qui ne riment pas uniquement au bout, mais riment d'un bout à l'autre, ne font que développer un même ordre d'idées, alors que dans un calembour du type « L'eau bue éclate/L'obus éclate », l'altérité thématique est évidente et déterminante. L'ambigüité oblige en effet à recourir à un dépassement et à rechercher une autre dimension du sens. C'est cette aptitude à subvertir la linéarité discursive qui permet au calembour de contribuer, au même titre que la métaphore, à la structuration poétique d'un texte.

Quant à l'anagramme, en tant que mécanisme de dérivation de type essentiellement formel, il confère au signifiant une primauté sur le signifié (voir Starobinski, 1971). A la limite, l'anagramme évince le signifié, puisque

> [...] le sens découle automatiquement des manipulations effectuées sur la représentation phonique d'un mot-thème, lui-même considéré comme la représentation d'une réalité extralinguistique» (Hesbois, 1988 : 53).

Il rejoint par là même le phénomène des organisations matérielles du langage que la psychanalyse observe pour percevoir une réalité qui relève de l'inconscient, mais se rapproche aussi du calembour par la remise en question de la structure du signe linguistique. Etant donné que la création du calembour se fonde essentiellement sur la transformation des composantes matérielles du signe, l'objet de la représentation se désintègre dans une métamorphose qui n'est plus contrôlée sur le plan linguistique, mais sur le plan extra-linguistique. Notons également que le calembour rompt avec un des principes élémentaires de la communication langagière, celui de coopération. Non seulement il permet à l'énonciateur de s'effacer derrière une combinatoire certes rigoureuse, mais uniquement fondée sur l'identité matérielle des éléments, mais encore il oblige le co-énonciateur à l'interpréter par une exploration minutieuse des possibilités de combinaisons restreintes, intrinsèques et susceptibles de constituer un propre code.

Pour analyser le rapport que le calembour ou le jeu de mots entretient avec le discours littéraire et poétique, il importe de comparer son fonctionnement à celui du signe poétique. Or, étant donné que le calembour se manifeste surtout au niveau des micro-structures, c'est à la sémiotique structurale de Michael Riffaterre qu'il faut alors faire appel. Cette méthode d'analyse se présente, rappelons-le, comme une succession de deux lectures distinctes. Une première lecture opère au niveau de la signification et dépend entièrement de la compétence linguistique du lecteur. Une compétence qui permet de relever certaines incompatibilités d'ordre logique, grammatical ou lexical qui sont qualifiées d'«agrammaticalités» par rapport à la mimésis ou représentation de la réalité (Riffaterre, 1983 : 16). Mais, d'après Riffaterre, la compétence culturelle joue un rôle tout aussi important dans la perception d'écarts ou d'agrammaticalités par rapport à un «modèle hypogrammatique ou hypogramme». L'hypogramme se définit alors comme un système de signes, à caractère référentiel, qui peut avoir l'étendue d'un texte et qui a déjà été actualisé dans le langage ou dans des textes antérieurs (*Ibid.*, 39).

Lorsqu'une séquence textuelle se distingue par une agrammaticalité par rapport à un hypogramme, Riffaterre estime être en présence d'un signe poétique.Toutefois, pour qu'il y ait poéticité à part entière, le signe qui renvoie à l'hypogramme doit également constituer un variant de la «matrice textuelle» (*Ibid.*, 39). Dans le cas contraire, la séquence ressentie comme agrammaticale fonctionne uniquement comme marque stylistique et tel est le cas des plaisanteries et des jeux de mots du discours quotidien (*Ibid.*, 39). D'un point de vue poétique, l'agrammaticalité y est gratuite parce qu'elle ne se rapporte à aucune matrice génératrice de la signifiance. Il en est néanmoins tout autre pour le calembour créateur, qui, en véritable signe poétique, participe à la structuration de la signifiance, fonction que lui assignent explicitement Apollinaire et Cocteau.

EXEMPLE 1 : APOLLINAIRE

Tel qu'il est employé par Apollinaire, le calembour s'inscrit sans aucun doute dans un projet plus vaste qui consiste à inventer un langage poétique résolument neuf. Néanmoins, au lieu de créer ce langage de toute pièce, le poète s'est évertué, selon Dubois, à exploiter les défaillances du code linguistique, et, comme les homonymes peuvent avoir des sens très divers, il a fait intervenir le calembour pour créer et entretenir l'équivoque (Dubois, 1983 : 85). Deux caractéristiques principales peuvent alors être attribuées au jeu de mots apollinarien : il est dissimulé et exhibé. Dissimulé parce qu'il a pour rôle «de polariser sur lui l'énigme du texte». Exhibé, parce qu'une fois introduit dans le poème, il acquiert un statut poétique à part entière (*Ibid.*, 87). Partant de cette double modalité, Dubois assigne aux calembours une fonction spécifique dans la poétique d'Apollinaire : celle de stimuler la lecture, de la mettre en situation d'attente et de l'inciter à détecter toute possibilité de double sens (*Ibid.*, 88). Néanmoins, toujours d'après Dubois, même si le lyrique refoule le comique, il ne l'annule pas. Même si l'effet comique n'est plus sollicité par le contexte ou s'il est recouvert par un effet de type autre, il ne sera pas gommé (*Ibid.*, 92-93).

Les propos de Dubois sont particulièrement intéressants dans le sens où ils permettent de déterminer, sur le plan poétique, deux des fonctions élémentaires du calembour. S'il a pour tâche de rompre la linéarité du discours, il fait apparaître, par là-même, la possibilité d'une autre dimension du sens ou d'une structuration de signification différente. Dans cette perspective, il rejoint la définition riffaterrienne du signe poétique, qui à la fois provoque une rupture à la lecture et stimule une recherche d'un sens autre, orientée vers la matrice.

Néanmoins, pour ce qui est du mélange persistant du comique et du lyrique dans le calembour apollinarien, et à considérer le poème d'*Alcools*, «Chantre» :

> Et l'unique cordeau des trompettes marines (Apollinaire, éd. de 1983 : 63)

on est en droit de s'interroger si le calembour, qui constitue la charnière de ce poème, ne contribue pas, par une lecture poétique, à dépasser l'opposition entre le registre lyrique d'une part et le registre comique de l'autre.

Se trouvant à l'hémistiche, l'homonyme «cordeau» crée une ambigüité qui se doit d'être résolue dans la suite du vers. Dans «Chantre», c'est la structure parataxique qui aide, en première instance, à résoudre les valeurs homonymiques du lexème. Une structure qui s'illustre par la variation sur un thème, en l'occurrence celui des instruments de musique (monocorde ou trompettes marines) :

l'unique — **des**
cordeau — **trompettes**
cord'eau — **marines**

Il convient aussi de remarquer la présence d'un effet traditionnel d'opposition entre une première moitié du vers au singulier et une seconde moitié au pluriel, qui se combine avec un chiasme parfait entre adjectifs et substantifs. Le principe générateur de la structure parataxique se définit par conséquent comme le passage de l'unicité à la pluralité. Pourtant, une fois résolu, le calembour provoque un dilemme chez la plupart des critiques apollinariens : d'une part, ils restent perplexes devant le jeu de mots apparemment simple à comprendre; d'autre part, ils cultivent l'espoir qu'il existe «quelque chose» qui va au-delà du calembour et du texte. Intuition qui est justifiée par le fait que le monostiche constitue un poème, qu'il porte un titre et qu'il est rangé parmi les poèmes d'*Alcools*.

Or, si le signe poétique que représente le calembour créateur ne peut être pleinement analysé au niveau de la réalité de la langue, c'est parce qu'il fait appel à une réalité extralinguistique, dont la cohérence s'établit par l'intermédiaire de mouvements poétiques, comme celui du passage de l'unicité à la pluralité. A l'origine de ce mouvement de multiplication se trouve cependant un dynamisme de dissémination qui touche l'élément unique et unitaire, à savoir le cordeau. Par sa position cruciale à la fin du premier hémistiche et par son caractère homonymique, le cordeau impose en quelque sorte un questionnement sur la cause de son morcellement. Ainsi, cordeau, lu comme «cor d'eau», se rapporte-t-il apparemment aux «trompettes marines», mais peut-il aussi être conçu comme «corps d'eau» ou «corps disséminé dans l'eau», à l'instar de l'épisode final du mythe d'Orphée, où les Ménades déchirent le cadavre du poète puis jettent les restes de son corps dans l'Hèbre. Le titre du poème, « Chantre », certifie thématiquement et formellement le rapport entretenu avec l'hypotexte ovidien. Par l'absence d'article, il semble d'ailleurs reproduire l'intitulé d'une rubrique de dictionnaire et invite à vérifier, dans le Littré par exemple, les différents sens et exemples indiqués. Signalons le premier sens qui provient du latin « cantor », qui signifie « celui qui chante », et qui évoque, par le fait qu'il est dérivé de l'ancien cas sujet, son appartenance au lexique du grand lyrisme. Son acception dans le registre poétique, à savoir « poète épique ou lyrique », le confirme, ainsi que les exemples qui suivent : « Le chantre de Thrace, Orphée ; le chantre thébain, Pindare ; le chantre d'Ilion, Homère... ».

Si le mythe d'Orphée constitue l'hypotexte indéniable du titre et du premier hémistiche de ce poème, il reste à savoir en quelle mesure il sous-tend également les mouvements poétiques contenus dans le second hémistiche. Ce que le mythe nous apprend, c'est que le corps déchiqueté et jeté à l'eau finit par se répandre dans la mer et que la tête échoue sur l'île de Lesbos où, depuis lors, on voue un culte au héros défunt. A considérer « Chantre », l'adjectif « marines » traduit donc la profusion et le mélange des restes du poète à l'élément marin, tandis que les « trompettes » annoncent, par analogie avec l'expression consacrée du registre poétique, « la ou les trompettes de la renommée », la reconnaissance de son talent et la célébration universelle de son génie. Le second hémistiche apporte par conséquent une réponse euphorique à l'interrogation mystérieuse du premier hémistiche : aux figurativisations de dissémination et de multiplication ont succédé celles de profusion et d'irradiation. Appliqués au « chantre » du poème apollinarien, ces dynamismes s'agencent selon une formule que l'on pourrait décrire par : *Tant va le corps du poète disséminé à l'eau, qu'il finit par connaître la gloire éternelle*, et présentent un imaginaire de conquête qui s'inscrit parfaitement dans la poétique apollinarienne.

EXEMPLE 2 : JEAN COCTEAU

Dans *Le Secret professionnel* (1922), Cocteau préconise que

«la poésie n'empêche aucunement la vivacité, l'enfantillage, les jouets d'un sou, les farces, les fous rires, que les poètes mènent de front avec la plus incroyable mélancolie» (Cocteau, 1983 : 54)

Au lieu de recourir au rêve et à l'inconscient, il préfère puiser son inspiration dans le simple jeu de mots qui n'est pas dicté par «une nécessité intérieure». Il s'oppose alors de façon directe aux surréalistes et de façon indirecte à la théorie freudienne que ces derniers prennent pour fondement de leur activité esthétique. La création procède, selon lui, d'un inconscient bien plus collectif qu'individuel, étant donné que le poète reçoit des ordres que les siècles accumulent en sa personne et dont il doit se faire le parfait véhicule. Dans *Le Mystère laïc* (1928), Cocteau conseille d'ailleurs de remplacer le rêve par «le mécanisme du rêve», «une figure qui en devient une autre», «un mot qui change de sens en cours de route», à l'exemple des verbes «voler et voler» (*Ibid.*, 162-163). Un mécanisme qui diffère de celui des calembours de Max Jacob ou de Marcel Duchamp par l'indication, certes fortuite, mais inéluctable d'une orientation de sens :

> Chez Max Jacob, le calembour est musical. Chez Marcel Duchamp, un mépris de l'intellect. On me reproche trop les calembours d'*Opéra* pour que je ne m'explique pas en quatre lignes. *L'ami Zamore de madame du Barry*, c'est un fait. *La mise à mort de madame du Barry*, c'est un oracle. (*Ibid.*, 163)

En présentant le mécanisme du calembour comme une opération qui génère, à partir d'une structure d'éléments linguistiques, un contenu de dénotation mais qui se fonde sur l'expression du contenu de dénotation pour produire un contenu de connotation, Cocteau applique certains principes du structuralisme hjelmslevien. L'étude de la connotation ne peut alors être entreprise que dans le cadre d'une sémiotique, approche générale des signes et non plus des seuls signes linguistiques. Dans le cas du calembour créateur coctellien, le passage du fonctionnement linguistique au fonctionnement extra-linguistique ne se rapporte pas uniquement, comme chez Jacob ou Duchamp, à la volonté de renouveler l'expression métaphorique du langage poétique, mais la dépasse en répondant à une nécessité plus profonde d'ordre existentiel (Winter, 1994 : 306-307) :

> J'ai voulu rajeunir la tradition du calembour grec. La métaphore est un calembour mal noué. Je serre le nœud jusqu'à ce que le doigt ne sente plus rien sur la corde. On s'apercevra vite que mes calembours n'étaient pas l'esprit mais le cœur de mon livre. (*Ibid.*, 163)

A s'interroger sur la distinction que le poète établit entre esprit et cœur, on est conduit, en la reliant à la distinction entre contenu dénotatif et connotatif, à faire les deux suppositions suivantes : si le calembour résulte de la juxtaposition d'un sens dénotatif, explicite, donc conventionnel et d'un sens connotatif, caché et par conséquent non-conforme, son ambiguïté est constitutive de sa force créatrice. Cocteau confirme : «Sans calembours, sans devinettes, il n'y a pas d'art sérieux. C'est-à-dire qu'il n'y a que de l'art sérieux» (*Ibid.*, 166). En second lieu, si le calembour a pour but de dissimuler par le mot d'esprit ce qui est du domaine du cœur, il oriente vers une réalité cachée, intime, voire érotique. Pour s'en convaincre, il suffit de relire le passage qui suit :

> Tout chef--d'œuvre est fait d'aveux cachés, de calculs, de calembours hautains, d'étranges devinettes. Le monde officiel tomberait à la renverse s'il découvrait ce que dissimulent un Léonard ou un Watteau, pour ne citer que ces deux cachottiers connus. C'est par ce que Freud traite d'enfantillages qu'un artiste se raconte sans ouvrir la bouche, domine l'art et dure. (*Ibid.*, 166)

et d'y rapporter l'extrait d'une lettre envoyée le 30 mars 1921 à Valéry où Cocteau explicite ce qu'il dissimule suivant le modèle des doubles sens qui lui a été révélé dans les tableaux de Watteau :

> Pour l'instant, après un gros travail, je me délasse dans la poésie obscène que je camoufle. Ce genre n'existe pas chez nous. (On en trouve l'ébauche dans Ronsard et dans le très admirable Stéphanos [Stéphane Mallarmé].)
> J'y ai pensé en découvrant, guidé par un peintre [Roger de La Fresnaye], une véritable charpente érotique sous les toiles de Watteau. (Caizergues, 1989 : 59)

Conformément au fonctionnement de la dénotation et de la connotation du sens chez Hjelmslev, le calembour coctellien a donc pour fonction d'orienter le lecteur, sous couvert d'un mécanisme conventionnel ou « spirituel », vers la prégnance d'une réalité intime. Il apparaît alors clairement que l'énergie libérée, selon Freud, à la décharge du rire est réutilisée à d'autres fins que le comique. En outre, la découverte d'une réalité autre par ce mécanisme d'ambiguïté somme toute hasardeux peut très bien s'appliquer au genre poétique. L'illustration en est fournie par le poème d'*Opéra*, « Blason-oracle », qui présente une nouvelle forme d'expression poétique consistant à filer le calembour :

> Blason-oracle
> G touchant G sans en avoir l'R. Selle et faix de mon âne archi-tranquille.
> Jean chante. Aïssé tousse. Mon chant sera la bourrée jusqu'à la faim. Ile faux drap (et dé à dé) mollir les murs mûrs en six lances pour que la grande heure nouvelle sape roche sans fers de bruit sur lèche-mains. Le mot ment Eve nue ! Le rêve eunuque jatte en dais ! Leur Eve nue, houle sublime, doigt, hêtre des nids aisés. (Cocteau, 1959 : 91)

Toutefois, comme l'indiquent les deux parties du titre — « blason » et « oracle » —, le lecteur est obligé de se référer aux lois à la fois du genre et du texte présent pour en découvrir les significations. Le sens poétique ne découle pas seulement de l'emploi généralisé du calembour, mais aussi de son traitement particulier dans chaque poème. D'où la nécessité d'évaluer les jeux de mots en fonction de leur contexte d'apparition.

Dans ce texte, comme dans de nombreux autres du même recueil, c'est apparemment la fréquence du procédé qui véhicule le sens. Le recours systématique au jeu de mots permet au poète de gérer son angoisse de la mort. Une angoisse que son écriture ne réussissait pas à conjurer dans un recueil précédent intitulé *Vocabulaire* :

J'ai le vertige en haut des maisons de ma ville,
Mon ombre se répand de moi comme de l'encre [...]
et cependant je sombre,
Entraîné par Vénus et par l'homme de neige.
(Cocteau, 1925 : 396)

Si l'écriture poétique — «l'encre» — entraînait jadis le poète «comme une ancre» vers les profondeurs, le recours au calembour permet désormais d'arrêter cette chute abyssale et de dominer son angoisse de la mort. En d'autres termes, si le jeu de mots parvient à retenir ou à figer le dynamisme sémantique en un seul lexème, sa répétition systématique a pour but d'éterniser la vie et la mort en un seul texte. Autre emploi donc du calembour, parce qu'il contribue à exprimer une signifiance qui ressortit d'un imaginaire de repli.

CONCLUSION

Si, d'après les textes qui viennent d'être analysés, le calembour créateur s'intègre parfaitement au discours poétique, c'est parce qu'il est un signe poétique qui véhicule les fonctions caractéristiques suivantes :

– la fonction catastrophique, qui atteste une rupture de la continuité discursive et provoque une émergence du sens que le calembour favorise à partir de la réorganisation qu'il propose ;

– la fonction intertextuelle, qui spécifie l'émergence du sens et contribue à orienter ou à renforcer cette réorganisation qui se développe à partir du contenu de connotation, comme l'hypotexte d'Orphée pour «Chantre»;

– la fonction idéogrammatique, qui contribue à présenter la nouvelle réalité de la façon la plus parfaite possible; n'étant cependant jamais idéale, la présentation libère une infinité de virtualités sémantiques que le calembour tente de résoudre par l'agencement des tendances dynamiques ;

– la fonction génératrice, qui illustre dans quelle mesure le calembour, qui acquiert son dynamisme au contact des autres éléments textuels, participe à la structuration interactive et progressive d'une signifiance textuelle.

Le calembour créateur n'est toutefois pas uniquement un signe poétique. Par le fait qu'il ne peut échapper à l'attention du lecteur et qu'il est donc pratiquement inévitable, il témoigne d'une fonction particulière :

– la fonction topologique, qui souligne la position névralgique occupée par le calembour dans l'espace de l'écriture, ce qui lui permet d'indiquer d'autant mieux les orientations des dynamismes sémantiques organisateurs.

Plus qu'un signe poétique, le calembour est un motif poétique (voir Gullentops, 1993). Cela se vérifie par son apparition fréquente ou stratégique dans le texte, et surtout par le fonctionnement immédiat auquel il préside. C'est pourquoi le lecteur l'emploie comme un outil privilégié d'entrée en matière et comme un repère d'analyse permanent durant les inévitables errances interprétatives. Un mécanisme qui empêche de le considérer comme un phénomène subsidiaire ou marginal en poésie.

BIBLIOGRAPHIE

Apollinaire, Guillaume (1983), *Œuvres poétiques*, préface par André Billy, texte établi et annoté par Marcel Adéma et Michel Décaudin, Paris, Gallimard, coll. La Pléiade.

Caizergues, Pierre (1989), «Paul Valéry et Jean Cocteau. Jalons d'une amitié», in N. Celegrette-Pietri, F. de Lussy et M. Minard (éd.), *Mélanges c'est l'esprit. Pour Huguette Laurenti*, Paris, Minard, 53-74.

Cocteau, Jean (1925), *Vocabulaire*, Paris, Gallimard.

Cocteau, Jean (1959), *Opéra*, Paris, Stock.

Cocteau, Jean (1983), *Poésie critique I*, Paris, Gallimard.

Dubois, Jacques (1983), «Poétique du mot d'esprit chez Apollinaire», in *Acta Universitatis Carolinae - Philologica Romanistica Pragensia*, XV, 83--94.

Gullentops, David (1993), «Pour une migration du motif. Investigation critique de ses fonctions», in *Athanor*, Ravenna, n° 4, 45--53.

Hesbois, Laure (1988), *Les jeux du langage*, Ottawa, Presses de l'Université d'Ottawa.

Riffaterre, Michael (1983), *Sémiotique de la poésie*, Paris, Seuil.

Starobinski, Jean (1971), *Les mots sous les mots. Les anagrammes de Ferdinand de Saussure*, Paris, Gallimard.

Winter, Susanne (1994), *Jean Cocteaus frühe Lyrik. Poetische Praxis und poetologische Reflexion*, Berlin, Erich Schmidt.

Le calembour :
fiente de l'esprit qui vole ?

Dan Van Raemdonck
Université Libre de Bruxelles

Lorsqu'un chercheur étudie le domaine du risible linguistique, il est, tôt ou tard, confronté à la dichotomie traditionnelle calembour *vs* jeu de mot(s).

La distinction de ces deux genres s'est toujours opérée selon des considérations esthétiques qui tournaient toujours à la défaveur du calembour pour couronner le jeu de mot(s). Ces considérations se fondaient sur le fait que le premier était un jeu sur et avec les mots, leur matière phonique, tandis que le deuxième, lui, jouait sur les idées, les pensées qui émanaient de ces mots. Le spirituel est esthétiquement surévalué par rapport au matériel ; le calembour en a souffert.

Le point de vue que nous adopterons ici n'est pas un point de vue esthétique, valorisant ou dépréciateur, mais plutôt un point de vue « mécaniste ». Nous essayerons de donner les caractéristiques des deux genres en fonction des mécanismes qu'ils mettent en jeu.

ETAT DE LA QUESTION

Enfant pauvre donc, le calembour ne suscite que dédain chez les beaux esprits. Trop longue serait la liste des détracteurs du genre, au rang desquels Voltaire et Hugo[1]. Freud, s'il remarque ce dédain, n'en est pas moins empreint. Les calembours sont, dit-il,

> «tenus pour un genre inférieur, parce que nous les faisons sans grande peine et à peu de frais. En vérité, la technique de leur expression est des plus simples, tandis que le jeu de mots proprement dit fait appel aux plus élevées d'entre elles. Tandis que ce dernier réunit deux sens en un mot identique, de sorte que, dans la plupart des cas, il les présente en un seul mot, au contraire, il suffit au calembour que les deux mots vecteurs se suggèrent l'un l'autre par une ressemblance quelconque : ressemblance générale dans leur structure, assonance ou allitération, etc.» (1905 : 71-72).

Il continue ainsi :

> Bien que, dans le calembour, on renonce à l'emploi du même matériel expressif dans des acceptions différentes, l'accent porte cependant sur un élément connu à retrouver, sur la concordance des deux mots dont se sert le calembour ; celui-ci n'est par conséquent qu'une sous-variété du groupe dont le jeu de mots proprement dit demeure le type le plus élevé (1905 : 75).

Pour ce qui est de la description du phénomène, citons encore Violette Morin, pour qui le calembour

> «n'est qu'un mot signifiant, un mot pris seulement dans son existence visuelle ou phonique, indépendamment des significations qu'il peut véhiculer... (mot) qui libère les signifiés et les significations de toute contrainte de sens. Au bout de la séquence, le récit s'aplatit à dessein dans un chaos parfait ; il peut même, par cet art de la voltige à vide, n'être qu'à peine, et souvent pas du tout, un récit.» (1966 : 103)

Dans la même ligne de pensée, Lionel Duisit pense pouvoir affirmer que «le caractère 'flagrant' du calembour-récit est dû en partie à son absence de prolongements sémantiques dans le domaine de la vie — les configurations de la langue dictent le parcours du sens — et en partie au caractère élémentaire des mécanismes qui engendrent la collision» (1978 : 93).

Les réflexions de Freud ont été sérieusement amendées par Tzvetan Todorov (1975 : 509-515). En effet, ce dernier, à la lumière des dires de Freud, examine l'exemple que celui-ci donne comme type du calembour :

> Hevesi applique à un poète italien qui, malgré ses opinions anti-impérialistes, se vit contraint de célébrer en hexamètres un empereur allemand, les mots suivants : «Ne pouvant chasser les Césars, il fait tout au moins sauter les césures» (1905 : 72-73).

Todorov pointe que dans le calembour

> « la technique consiste (...) à rapprocher dans la chaîne syntagmatique deux mots dont les signifiants se ressemblent, mais dont les signifiés sont indépendants ; on en tire un certain effet sémantique. » (1975 : 512-513)

Il remarque ensuite que Freud a classé dans un groupe de mots d'esprit de type « élevé » une série d'exemples aux mécanismes semblables à ceux du calembour et ce sous l'étiquette « utilisation multiple du même matériel avec légère modification ». Un bel exemple en est : « Traduttore - Traditore ! » (1905 : 53).

Il faut reconnaître que les différences qui existent entre ce mot élevé et le calembour type de Freud ne sont pas évidentes. On est en droit de s'interroger sur la validité des critères de distinction. Todorov remarque qu'en général

> « on rejette dans le calembour les phrases où seul est présent un rapport (de ressemblance) entre signifiants ; on admet dans les jeux de mots celles où le rapport des signifiants est doublé d'un rapport entre signifiés... la 'gratuité' du rapprochement phonique dans un cas s'opposerait à sa 'charge sémantique' dans l'autre. » (1975 : 513)

C'est cette opposition que va critiquer Todorov en utilisant, après Benveniste, la distinction signifiance (signification du dictionnaire, de langue) *vs* sens (signification du discours). Selon lui, « le rapport des signifiants provoque toujours un rapport entre signifiés. Les mots *César* et *césure* n'ont aucun sème commun si on les observe dans le dictionnaire. Mais la signifiance dont les signes sont pourvus dans le dictionnaire n'est pas identique au sens à l'œuvre dans le discours. Pris dans cette phrase, les deux mots deviennent des antonymes, l'essentiel (*chasser les Césars*) s'oppose à l'insignifiant (*faire sauter les césures*) » (1975 : 513).

D'après Todorov, il n'existe donc pas, dans le discours, de rapport entre signifiants sans rapport entre signifiés et, de là, pas de différence entre « calembour » et « jeu de mot(s) » :

> « Tout ce qu'on peut observer est la plus ou moins grande richesse du rapport sémantique, la plus ou moins grande motivation du rapport entre signifiants. » (1975 : 513)

Cette constatation n'est pas de nature à éclaircir les investigations, vu que ce qui apparaissait comme un critère distinctif s'évanouit devant la critique. Il faut donc reprendre les données de départ et voir si rien ne peut être sauvé.

Si l'on compare les citations de Freud à celles de Morin et Duisit, on constate une discordance. Freud, lui, exige pour le calembour deux mots qui, d'après son exemple, doivent être présents dans la chaîne syntagmatique. Morin, elle, n'y voit « qu'un mot signifiant »; Duisit y trouve « une collision », ce qui nous laisse supposer une espèce d'amalgame en un seul mot.

Au regard de la majorité des auteurs, dont Guiraud (1979), il semble bien qu'il faille donner raison à Morin et à Duisit. En effet, la notion de calembour recouvre des cas d'homophonie partielle des signifiants (*préfarce* pour *préface* + *farce*), d'homophonie parfaite mais à découpages morphologiques différents des signifiants (*Gal, amant de la Reine, alla, tour magnanime / Galammant, de l'arène, à la tour Magne, à Nîmes* [les vers holorimes réduits à une seule séquence]) et d'homophonie parfaite et à découpage morphologique identique des signifiants — cas limite du calembour — (*louer* [location] pour *louer* [louange]).

Le calembour apparaît donc comme la résultante, en un seul mot ou une seule formule, de la collision et de la collusion plus ou moins harmonieuse de deux signifiants ou séquences de signifiants et ce sans qu'il existe de rapport de sens. Le calembour de Freud est dès lors déclassé. La présence de deux signifiants semblables dans la chaîne syntagmatique génère, on l'a vu, des rapports sémantiques entre les deux signifiants. Il s'agirait alors d'un pur jeu de mot(s) de la même classe que « Traduttore - Traditore ».

L'abandon de la conception freudienne du calembour devrait du même coup effacer l'objection de Todorov relative à l'inéluctabilité du rapport de sens consécutif à un rapport de signifiant.

En effet, si les deux mots sont présents, les rapports de signifiants, relayés par les rapports syntaxiques, créent des rapports de sens. Ce n'est pas la similitude des signifiants qui produit des rapports de sens mais ce sont les rapports qu'entretiennent ces signifiants semblables dans la chaîne syntagmatique.

Avec un seul mot signifiant, par contre, il ne devrait plus y avoir de rapports syntaxiques entre les deux signifiants confondus et donc plus de rapports de sens.

Or, même lorsqu'ils sont confondus en une seule formule, les deux signifiants sont liés par des rapports syntaxiques. En effet, dans la chaîne syntagmatique, ils occupent la même place ; il existe donc un rapport syntaxique d'équivalence, d'interchangeabilité entre les signifiants, ce qui n'est pas sans conséquence sur le plan du sens.

Quand on dit

— Tu connais Maggie?
— Maggie qui?
— Ma guibole,

on s'installe dans une chaîne discursive où les deux signifiants de *Maggie Bol* et de *Ma guibole* sont confondus et occupent la même place dans la chaîne. Les deux signifiés correspondants, sans rapports évidents à l'origine, sont mis en relation par cette communauté de place. Et c'est d'ailleurs l'incongruité de ce rapport entre les deux sens qui ferait rire. On attendait un nom à partir du Maggie; on obtient un amalgame qui, s'il peut être un nom, évoque davantage une partie du corps.

Il y a donc bel et bien des rapports syntaxiques et, par voie de conséquence, des rapports sémantiques entre les deux signifiants et ce malgré leur collision et leur collusion en un seul «mot» ou plutôt en une seule place. La trace du genre s'évanouit une fois de plus.

EBAUCHE DE SOLUTION

Inscrit dans le cadre plus vaste d'une investigation du domaine du risible linguistique, ce problème pourrait bénéficier d'un éclairage nouveau. Le substrat théorique qui sous-tend notre description est le résultat de la connexion de deux théories, l'une psychologique, l'autre pragmatique.

Pour la théorie psychologique, qui fournit un fondement explicatif au modèle, nous nous sommes tourné vers Jean Fourastié qui, dans son livre *Le Rire*, suite, paru chez Denoël-Gonthier en 1983, offre une synthèse positive des options antérieures. En voici, sous formes d'axiomes, les grandes lignes :
– la cause du rire est la rupture d'un déterminisme, qui va de pair avec une rupture de prévision;
– la prévision est de l'ordre du bon sens et non de l'ordre de la logique universelle;
– la structure du rire est complexe, ambiguë et contradictoire : elle contient une tension pénible qui est résolue par une prévision rassurante.

Pour rendre compte de cette explication d'une manière linguistique, la théorie pragmatique de H.P. Grice offre des outils descriptifs, soit le *Principe de Coopération*, les *maximes de conversation* et les *implicatures*.

Selon Grice, le discours est une activité réglée. Sur cette base, il formule un principe très général que les participants au discours sont censés observer. C'est le *Principe de Coopération*. On peut distinguer quatre catégories de maximes et sous-maximes dont le respect devrait donner des résultats en accord avec ce *Principe de Coopération*. Reprenant les catégories kantiennes, il les dénomme *Quantité*, *Qualité*, *Relation* et *Modalité*.

Légèrement amendés, le Principe et les maximes prennent la forme suivante :
– pour le Principe : «votre contribution est censée être telle qu'il est requis, à l'étape où elle advient, par le but ou la direction acceptée de l'échange discursif dans lequel vous êtes engagé»;
– pour les maximes de Relation et de Modalité, qui engagent la logique et la forme de la communication, et qui seules nous intéressent ici :
Relation : «vous êtes censé être pertinent»
Modalité : «vous êtes censé éviter l'obscurité d'expression»; «vous êtes censé éviter l'ambiguïté».

Quiconque entreprend un échange discursif doit se soumettre au Principe et aux maximes énoncés. C'est ce que F. Récanati (1979) appelle la *Présomption du Respect des Règles*. Cependant, il n'est pas rare que les maximes soient violées : mensonges ou conversations dont le sujet change abruptement sous l'effet d'une réflexion non pertinente à l'égard de l'exposé antérieur sont légions.

Un locuteur peut, notamment, ouvertement enfreindre une maxime. Pour autant que ce locuteur puisse remplir les conditions de la maxime et qu'il ne la viole pas d'une manière qui ferait irrémédiablement mettre en doute sa volonté de coopération, l'allocutaire se trouve alors devant un problème mineur, selon Grice : la réconciliation des dires du locuteur avec la Présomption du Respect du Principe de Coopération. L'allocutaire raisonne alors comme suit (1967 [1975] : 49-50) :

«S'il respecte le Principe de Coopération et s'il se moque d'une maxime de telle sorte que je noterai l'infraction, alors il agit de la sorte pour faire passer quelque information supplémentaire qui est en accord avec le Principe de Coopération et, de plus, il doit savoir que je peux extraire cette information.»

Cette information est appelée l'implicature conversationnelle.

Si l'on connecte ces deux théories, on obtient, après un détour par la vérification pratique, le modèle suivant :

Le rire est une émotion causée par la perception d'une rupture de déterminisme qui, dans le domaine pragmatique, correspond à la perception d'une rupture de Relation (provoquée ou non par la rupture d'une maxime d'une des autres catégories). Le terme consacré de « chute d'une histoire drôle » trouve ici une légitimation théorique : le déterminisme « se casse bel et bien la figure »; cela crée une tension pénible dans le discours (y a-t-il toujours respect du Principe de Coopération?), tension résolue par une prévision rassurante. Cette prévision est censée réconforter, en réinstallant dans un déterminisme, l'allocutaire en rupture de communication, tout comme une implicature conversationnelle installe l'allocutaire dans le confort du déterminisme discursif. Pour aiguiller l'allocutaire, le discours comique dispose des indices dont la relecture oriente vers cette prévision rassurante. Le discours comique s'apparente dès lors à un jeu deux pistes.

En outre, Principe, maximes et implicatures sont à prendre comme règles et vérités de sens commun et non comme règles et vérités de logique universelle. Enfin, l'implicature conversationnelle n'étant pas prédictible, tout le monde n'est pas forcément capable (ni en position) d'extraire la bonne implicature qui résoudrait la tension. C'est pour ces raisons que tout le monde ne rit pas forcément des mêmes objets risibles.

LE CAS DU CALEMBOUR

Dans ce cadre, la résolution du problème du calembour pourrait être envisagée selon deux voies différentes.

Le calembour hors discours/hors contexte/en langue

La première de ces voies tendrait à valider la distinction esthétisante traditionnelle, mais tient, on le verra rapidement, de l'absurde. Dans tout discours, nous l'avons vu, apparaissent des rapports de sens. Il faut donc sortir du discours, sortir de la chaîne syntagmatique. On ne trouvera de calembour pur, répondant à la définition, que hors discours/hors contexte/en langue.

Il s'agira alors de la résultante, en un seul mot ou une seule formule, de la collision et de la collusion plus ou moins harmonieuse de deux signifiants ou séquences de signifiants, hors discours/hors contexte/en langue, sans qu'il existe de rapport de sens, ou plutôt de signifiance (nous sommes hors discours/hors contexte/en langue) entre eux.

Des exemples de calembour pur seraient, comme indiqué plus haut :

– Pour le calembour à homophonie partielle des signifiants : *préfarce* pour *préface + farce*.

– Pour le calembour à homophonie parfaite mais à découpages morphologiques différents des signifiants :
Ma guibole pour Maggie Bol; *Gal, amant de la Reine, alla, tour magnanime, Galammant, de l'arène, à la tour Magne, à Nîmes* (les vers holorimes réduits à une seule séquence).

– Pour le calembour à homophonie parfaite et à découpage morphologique identique des signifiants (cas limite du calembour) : *louer* (location) pour *louer* (louange).

Hors discours/hors contexte/en langue, dans le cas du calembour, on pourrait déceler l'approximation phonique ou les différences de découpage. Le calembour resterait donc reconnaissable jusqu'aux cas limite, où des problèmes se posent, mais à un autre niveau, celui de la distinction entre homophonie et polysémie. Le jeu de mot(s), lui, ne serait pas reconnaissable en langue; étant donné qu'il ne procède ni par approximation phonique ni par différence de découpage, il a besoin d'une structure discursive pour être reconnu. Alors que le domaine du calembour pur serait la langue et non le discours, le domaine du jeu de mot(s) serait le discours. En discours, cependant, vu l'existence de rapport de sens, le calembour deviendrait un genre du jeu de mot(s) sans différence de « charge sémantique ». Il ne serait plus alors ce calembour pur que nous avons tenté de discerner.

Si cette distinction correspond bien à la tradition, elle est néanmoins critiquable et absurde.

On refusera sans doute l'utilisation du concept de langue (dans une conception qui ne peut être que non saussurienne) en tant que lieu de distinction; il est difficile d'imaginer en langue les assemblages que constituent les calembours.

La définition en langue heurte l'intuition en rejetant le calembour hors de l'univers du risible linguistique. Tels quels, ces calembours ne font pas rire. Ils ne présentent pas de rupture de maxime de Relation vu que, hors discours, aucune logique n'est enclenchée ni rompue, et qu'on n'y peut guère parler de rupture d'une maxime discursive. En langue, on ne pourrait déceler que la présence de phénomènes de type structurel qui serait de nature à provoquer, lors de la mise en discours, une rupture de maxime. Il faudrait alors parler de rupture potentielle de maxime, ce qui pourrait sembler gratuit.

Plus grave encore, si l'on suivait ce raisonnement, tout ce que l'on étiquette *calembour* dans le discours, dans les histoires drôles... n'appartiendrait pas à la classe du calembour pur. Notre définition ne serait qu'une illusion; son champ opératoire serait nul.

Il faut donc abandonner cette définition traditionnelle fondée sur l'absence de rapport de sens; il reste à voir si une distinction d'un autre ordre est possible en discours afin de rendre quelque réalité à cette illusion.

Cette distinction pourrait surgir du nombre de maximes qui y sont violées et serait dès lors plus opérationnelle parce que discursive. Ce sera la seconde voie de résolution du problème.

La vision mécaniste

Si l'homophonie des signifiants est partielle, ou si elle est totale mais à découpages morphologiques différents de ces signifiants, il y aura une double rupture de Modalité : seront violées les deux maximes «vous êtes censé éviter l'obscurité d'expression» et «vous êtes censé éviter l'ambiguïté».

Si l'homophonie des signifiants est parfaite et que leur découpage morphologique est identique, seule la seconde de ces maximes est concernée par une rupture. Ce dernier cas est le cas limite du calembour.

Au-delà, on tombe dans le domaine du jeu de mot(s) qui, lui aussi, ne présente qu'une rupture de la maxime : «vous êtes censé éviter l'ambiguïté». Mais ce qui fait la différence, et qui permet de récupérer la «charge sémantique» qu'on lui attribuait en exclusivité, c'est que, dans le jeu de mot(s), l'ambiguïté discursive provient non pas d'une homophonie des signifiants, comme pour le calembour, mais d'une polysémie du signifiant. Pour exemple, ce mot de Tristan Bernard à un spectateur arrivant en retard au théâtre, à l'entracte, et disant : *Oh, j'ai manqué le premier acte! — Rassurez-vous, l'acteur aussi!*, repose sur l'ambiguïté issue de la polysémie du verbe manquer (ne pas assister à *vs* rater, échouer).

De plus, le jeu de mot(s), comme tout discours comique, a besoin pour être reconnu d'une rupture de Relation. L'ambiguïté polysémique n'est visible que dans ses prolongements. Elle provoque, souvent plus tard dans la chaîne discursive, une rupture de Relation qui, lors du décryptage, nous fait remonter aux sources, à la rupture de Modalité. C'est ici la réponse de Tristan Bernard qui pousse à remonter à la polysémie de manquer.

Le calembour, lui, provoque toujours et quasi immédiatement une rupture de Relation. L'« obscurité d'expression », qui distingue le calembour du jeu de mot(s), nous permet de reconnaître l'ambiguïté de cette expression. Cette obscurité vient du fait que l'homophonie des signifiants est partielle et que nous est présenté le signifiant dont le signifié s'accorde le moins avec la logique enclenchée (*Ma guibole*, alors qu'on attend un nom *Maggie Bol*). Des deux signifiés possibles, nous est livré le plus inattendu. Il y a automatiquement rupture de Relation.

Cette nouvelle différenciation fait donc du calembour un genre spécifique du jeu de mot(s); et elle ne l'empêche guère de prétendre à l'Esprit.

Reste, pour en finir avec ce problème, à juger de la légitimité des distinctions de valeurs esthétiques que l'on opère entre le calembour et le jeu de mot(s).

Le sens

Vu l'absence, dans le calembour pur, de relation sémantique, on pourrait dire que ces distinctions sont légitimes. Mais, nous l'avons vu, cette définition du calembour ne recouvrerait aucun fait de discours. Or, c'était en discours que ces distinctions étaient opérées. Dans le calembour discursif, par contre, il existe des rapports de sens. Ici, les distinctions ne sont pas valides.

La facilité

On pourra néanmoins parler de la plus grande facilité du calembour. Le créateur du calembour semble jouir d'un champ de possibilités plus vaste que le créateur d'un jeu de mot(s). L'homophonie partielle permet des rapprochements plus nombreux que la polysémie. Le calembour devient alors quantitativement plus facile que le jeu de mot(s).

Pour ce qui est de la qualité, par contre, il ne nous semble pas plus facile de faire un bon calembour que de faire un bon jeu de mot(s). Le meilleur et le pire existent dans les deux camps. Pour le calembour, s'il n'y a pas au départ de relation sémantique entre les homonymes, le génie de l'auteur consiste à créer et à motiver une telle relation.

Celui qui voit sa tâche sensiblement allégée, c'est l'allocutaire du calembour discursif. En effet, lorsque l'allocutaire d'un jeu de mot(s) perçoit la rupture de Relation, il doit encore en détecter la cause. Or, la polysémie n'est pas toujours facilement décelable. Par contre, l'allocutaire du calembour discursif, lorsqu'il perçoit la rupture de Relation, en découvre du même coup la cause. En effet, l'homophonie partielle, origine de l'obscurité de l'expression et, par voie de conséquence, de la rupture de Relation, est voyante. De plus, dans la séquence discursive, la double rupture de Modalité occupe généralement la même place que la rupture de Relation, à savoir la dernière, la rupture de la maxime «vous êtes censé éviter l'obscurité d'expression» provoquant d'elle-même, nous l'avons vu, la rupture de Relation.

Cela étant, si la mise en rapport crée des liens sémantiques, la logique de la mise en rapport peut échapper au bon sens de l'allocutaire. Il ne voit dès lors pas bien quelle implicature utiliser pour se rassurer, si ce n'est : «C'est un calembour.»

C'est peut-être la facilité de résolution qui a nui au genre du calembour. En effet, s'il faut éviter que l'allocutaire ne s'épuise en efforts surhumains de compréhension, il ne faut pas néanmoins tomber dans l'excès inverse et donner la réponse au problème qui est à peine posé. Une trop grande facilité prive du plaisir de la découverte. Dans l'optique où le rire est une victoire sur soi-même, le rire s'en ressent : il ne peut plus être qualifié de «franc».

La question de la définition et de la délimitation de concepts du discours comique comme calembour et jeu de mot(s), que l'on retrouve de manière plus aiguë encore dans la paire humour *vs* ironie, montre bien la difficulté de manier des notions dont les extensions ont varié selon les époques et les traditions. Aussi nous semble-t-il impératif, en vue de l'établissement d'une taxinomie rigoureuse des figures du discours comique, de reprendre synchroniquement une description du domaine du risible linguistique et d'opérer une classification à l'aide de critères homogènes. Peut-être la proposition ici évoquée pour le calembour pourra-t-elle être considérée comme un début dans cette voie.

BIBLIOGRAPHIE

Duisit (L.), *Satire, parodie, calembour. Esquisse d'une théorie des modes dévalués*, Stanford, Anma Libri, 1978.

Fourastié (J.), *Le Rire, suite*, Paris, Denoël-Gonthier, 1983.

Freud (S.), *Der Wit und seine Beziehung zum Unbewussten*, 1905; traduction française de Bonaparte (M.) et Dr Nathan, *Le mot d'esprit et ses rapports avec l'inconscient*, Paris, Gallimard, 1983.

Grice (H.P.), «Logic and conversation», in Cole (P.) & Morgan (J.L.), *Syntax and Semantics*, Speech Acts, New York, Academic Press, 1975, p. 41-58.

Guiraud (P.), *Les jeux de mots*, 2ᵉ édition, Paris, PUF, 1979.

Morin (V.), «L'Histoire Drôle», in *Communication*, 8, 1966, p. 102-119.

Recanati (F.), *La transparence et l'énonciation. Pour introduire à la pragmatique*, Paris, Le Seuil, 1979.

Todorov (T.), «Signifiance et Sens», in *Mélanges Linguistiques offerts à Emile Benveniste*, Paris-Louvain, Peeters, 1975, p. 509-515.

NOTE

[1] A qui nous empruntons notre sous-titre. Dans *Les Misérables*, I, III, § 6, il met dans la bouche de son personnage Félix Tholomyès la déclaration suivante : «Le calembour est la fiente de l'esprit qui vole». Cependant, il poursuit par un bémol : «Loin de moi l'insulte au calembour. Je l'honore dans la proportion de ses mérites; rien de plus. Tout ce qu'il y a de plus auguste, de plus sublime et de plus charmant dans l'humanité a fait des jeux de mots».

Le discours comique et sa réception : le cas des histoires drôles

Bernard Lefort
Laboratoire de Psychologie de l'Université de Franche-Comté

Notre objectif ici est de développer quelques réflexions à propos de la compréhension et de l'appréciation des histoires drôles à la lumière de travaux empiriques réalisés principalement auprès d'enfants. Pour introduire ces réflexions, nous prendrons comme point de départ deux modèles, élaborés l'un en psychologie, par Suls (1972, 1983), et l'autre en linguistique par Attardo (1993, 1994).

Dans un premier temps, nous présenterons sommairement ces modèles en soulignant leur similitude et leur complémentarité, suggérant ainsi une possible collaboration entre ces deux disciplines. Puis, dans un deuxième temps, nous montrerons que ces modèles, s'ils décrivent bien des aspects essentiels, ne rendent pas assez compte, en revanche, de la diversité des processus de compréhension et d'appréciation que l'on observe dans la réalité. Nous commencerons par l'exposé du modèle de Suls pour des raisons de chronologie et parce que le modèle d'Attardo, en s'intéressant plus particulièrement au texte, permet de préciser un aspect du processus de compréhension.

LES MODÈLES

Le modèle de Suls s'inscrit dans une certaine tradition initiée par des philosophes (par exemple, Kant, 1790; Spencer, 1860; Morreall, 1989) reprise et poursuivie par des psychologues (par exemple, Berlyne, 1969; Nerhardt, 1976; Rothbart, 1976; Wilson, 1979). Les notions centrales sont celles d'incongruité, de surprise (et, éventuellement, car il y a eu débat) de résolution de l'incongruité. Sur ce dernier point, la position de Suls apparaît clairement dans son modèle. L'histoire drôle doit non seulement provoquer une surprise chez l'auditeur, mais elle va nécessiter aussi la recherche et la découverte d'une règle cognitive. Il considère même ce processus comme une forme de résolution de problème. La découverte est une condition nécessaire pour qu'il y ait rire ou appréciation humoristique.

Il faut ajouter, car le modèle initial ne le précisait pas, que cette découverte n'est pas toujours une condition suffisante, comme de nombreux travaux ultérieurs l'ont montré. En termes simples, il faut comprendre l'histoire pour pouvoir l'apprécier, mais on peut parfois la comprendre et ne pas l'apprécier.

Le modèle d'Attardo complète assez bien le précédent. S'il cherche à rendre compte des caractéristiques du texte de l'histoire drôle, il peut néanmoins être considéré comme un modèle psycholinguistique dans la mesure où il met l'accent sur l'aspect linéaire du texte pour souligner les conséquences qui en découlent lors du traitement cognitif. Ainsi, en ce qui concerne les histoires jouant sur les mots, le texte comporte une ambiguïté sémantique qui n'est pas initialement perçue par celui qui écoute l'histoire. Et c'est l'incohérence sémantique lors de la chute qui l'oblige à un retour en arrière pour découvrir un nouveau sens. On retrouve finalement ici les mêmes idées, exprimées sous des termes partiellement différents dans le modèle précédent. L'exemple (I), choisi par Attardo et coll. (1994), illustre parfaitement sa conception.

(I)
— Do you believe in clubs for young men?
— Only when kindness fails.

On voit que l'histoire met en scène un dialogue entre deux personnages, ce qui permet plus facilement d'expliciter l'ambiguïté puisqu'elle est source, ici, d'un quiproquo. Ainsi, la question du premier personnage contient ce qu'Attardo appelle le connecteur, c'est-à-dire l'élément polysémique «clubs». Mais c'est la réponse du second personnage qui, en raison de la présence du disjoncteur «fails», oblige l'auditeur à rechercher dans la question primitive une autre lecture possible du connecteur. La découverte d'un autre sens conduit à la résolution. Le mot «clubs» désigne des cercles d'amis ou (comme le suggère la réponse du second personnage) des cannes pour éventuellement infliger des punitions corporelles (mais ce sens ne s'impose pas au départ). Ainsi, le quiproquo se trouve expliqué et la cohérence globale peut être rétablie.

L'usage en français du mot anglais «clubs» autoriserait sa traduction mais imparfaitement («club» prend un sens plus restreint pour désigner la canne de golf) au risque donc d'en modifier l'effet comique. On préférera prendre un second exemple (II), cette fois en français, à des fins d'illustration.

(II)
— Je vous écrirai sans faute.
— Ne vous gênez pas pour moi, écrivez-moi comme d'habitude.

Le disjoncteur «comme d'habitude» oblige à revenir en amont dans le texte pour découvrir l'élément polysémique, source du quiproquo dans le dialogue. Le connecteur «sans faute» peut marquer l'importance de l'engagement dans la promesse («sans faillir», «à coup sûr») ou, comme il est suggéré dans la réplique, caractériser la qualité de l'orthographe.

On voit dans ces exemples l'importance du disjoncteur : c'est l'élément inattendu qui provoque la surprise, le retour dans le texte et l'élaboration d'un nouveau sens. Naturellement, le processus doit se faire très rapidement pour qu'il y ait appréciation. Attardo, à partir de l'analyse systématique d'un vaste corpus, souligne que le disjoncteur se situe toujours à la fin de l'histoire, exception faite de quelques cas. Ainsi, il y a, tout d'abord, les contraintes de la langue (c'est le cas notamment de l'anglais) qui oblige à placer certains adverbes en fin de phrases, le fait aussi que certaines histoires comportent une ou plusieurs répétitions, que d'autres comportent plus d'une chute; enfin, on peut noter parfois la présence d'éléments qui explicitent la chute pour en faciliter la compréhension.

DES DISJONCTEURS IMPLICITES

Il semble qu'il convienne d'ajouter à cette liste d'exceptions le fait que l'incongruité peut n'être pas dans l'histoire et, dans ce cas, le disjoncteur est absent. C'est le cas des histoires dites «métahumoristiques», décrites par différents auteurs (Suls, 1983; Attardo, 1988;

Lefort, 1990). Rappelons qu'il s'agit d'histoires qui ne comportent pas de chute, de manière délibérée. A la limite, le narrateur annonce une histoire qui ne sera pas dite, piégeant ainsi son interlocuteur. Dans ce cas, l'incohérence narrative est flagrante. Mais il apparaît que ces histoires ne se limitent pas aux seuls cas où il n'y a pas narration d'une histoire. Ceux-ci sont certes démonstratifs mais rares. En revanche, sur le plan du développement des compétences, ces cas semblent ouvrir la voie à des histoires beaucoup plus nombreuses et plus subtiles. Leur lecture peut être double. Mais, à la différence des exemples analysés précédemment, la première lecture ne conduit pas à une incohérence sémantique et, par là même, elle a de quoi surprendre. Le disjoncteur n'est pas dans le texte et, si incongruité il y a, elle est ailleurs. Elle provient du décalage entre l'attente liée à l'objectif de toute histoire drôle et l'absence d'un disjoncteur explicite. C'est ce que montrent les deux histoires (III et IV) qui suivent.

(III)
Dans la salle des urgences à l'hôpital :
— Docteur, j'ai peur, je perds un peu de sang.
— Allons, ce n'est pas grave, gardez votre sang froid.

(IV)
Quand un aviateur est dans les nuages, il vaut mieux qu'il ne rêve pas.

Dans ces deux exemples, il n'y a pas de quiproquo, pas d'incohérence textuelle explicite. Mais parce qu'il s'agit de textes semblables à ceux des histoires drôles, le sujet se trouve incité à percevoir le connecteur polysémique qui autorise deux interprétations. Alors que le quiproquo était mis en scène dans l'exemple (I) emprunté à Attardo, ici, l'auditeur doit l'imaginer. Ainsi, l'expression « gardez son sang froid » ne provoque pas nécessairement et automatiquement un quiproquo. Il en est de même de l'expression métaphorique « être dans les nuages ». Ces histoires sont cohérentes, trop même pour celui qui veut rire et qui cherchera alors l'ambiguïté cachée. Et ce processus est sans doute assez proche du regard de l'humoriste qui trouve dans la réalité quotidienne matière à sourire en détectant dans certains énoncés une polysémie que d'autres ne perçoivent pas toujours. Naturellement, cette analyse ne remet pas fondamentalement en cause les modèles. Le mécanisme reste sensiblement le même. Simplement, le texte humoristique perd de sa spécificité et de sa lisibilité à tel point que l'on peut se demander si la perception de l'ambiguïté sémantique ne dépend pas essentiellement de la situation et du type de récit (il s'agit d'une histoire) qui orientent le processus de compréhension.

DES DIFFÉRENCES INDIVIDUELLES

On doit aussi remarquer que, dans ces modèles, le processus est envisagé en référence à ce qu'on pourrait appeler assez classiquement un auditeur universel. Or, lorsqu'on cherche à cerner ce qui se passe chez des auditeurs ou des lecteurs réels, on doit reconnaître l'existence d'une certaine diversité des processus de compréhension, diversité qui est susceptible d'expliquer aussi, au moins en partie, pourquoi des sujets peuvent apprécier une même histoire pour des raisons finalement différentes.

Cette diversité, sans doute, est liée au choix des sujets. En ce qui concerne nos recherches, elles portent le plus souvent sur des enfants car l'objectif est de cerner la genèse des processus en jeu. Or, les enfants, et notamment les plus jeunes, ont tendance à apprécier les histoires sans nécessairement les comprendre parfaitement. Mais il faut ajouter que les histoires autorisent cette appréciation. Ainsi, la réaction des enfants permet d'attirer l'attention sur le fait qu'une histoire drôle est un ensemble composé d'éléments qui, à des titres divers, participent à la compréhension et à l'appréciation. Cet ensemble s'inscrit lui-même dans un contexte et une situation qui sont aussi des variables importantes. Tout cela apparaît nettement lorsqu'on met en place un protocole d'expérimentation. Faire lire une histoire n'est pas la même chose que la faire écouter. Faire écouter nécessite une standardisation et donc un enregistrement préalable car il suffit par exemple d'une modification de l'intonation pour modifier la compréhension et l'appréciation. Mais même lorsqu'on contrôle ces variables, on constate des différences de compréhension comme nous allons le voir avec l'exemple (V) suivant.

(V)
Ça se passe au bord du Doubs. Il y a un monsieur qui est propriétaire d'une maison et, tout autour de sa maison, il plante des petits drapeaux.
Un passant qui passait par là s'arrête et lui demande :
— Mais pourquoi plantez-vous des petits drapeaux autour de votre maison ?
L'autre lui répond :
— Ben, c'est pour chasser les girafes.
— Les girafes ! Mais il n'y a pas de girafes dans le Doubs.
— Eh ben ! Vous voyez, ça marche !

Cette histoire a fait l'objet d'une étude assez systématique de Januel (1990) auprès d'enfants d'un niveau scolaire de sixième-cinquième, à Besançon. Elle a été légèrement modifiée afin de prévenir certaines difficultés de compréhension. C'est ainsi que la scène, au lieu de se dérouler au bord de la Loire comme dans la version initiale, a eu pour théâtre les bords du Doubs. Cette histoire avait été retenue parce qu'elle avait été initialement racontée par un enfant de l'école primaire de deuxième année de Cours Moyen et qu'elle paraissait exprimer un bon niveau de développement intellectuel. On peut voir, en effet, dans cette histoire, un jeu de logique argumentative. D'un point de vue logique, il s'agit de prouver l'inefficacité d'un procédé : s'il n'y a pas de girafes dans la région, les drapeaux n'ont aucune utilité. Et, sur le plan argumentatif, l'effet comique peut provenir de la quasi-rationalité de la réplique du planteur de drapeaux. C'est vrai que, d'une certaine manière, il peut croire et faire croire que «ça marche». Autrement dit, l'argument du passant qui consiste à prouver l'inutilité du procédé peut être retourné et proposé comme preuve de son efficacité.

L'étude avait pour objectif de voir s'il était possible de corréler l'interprétation des sujets avec leurs résultats à une épreuve de logique. Mais le fait le plus caractéristique et le plus surprenant de ce travail a été la variété des interprétations qui suggérait l'existence pour cette même histoire de plusieurs niveaux de compréhension plus nombreux que prévus.

Si l'incongruité du procédé était massivement perçue, les explications divergeaient. Planter des petits drapeaux était idiot parce qu'inefficace, il fallait plutôt de «grands drapeaux» ou mieux «un mur». En outre, ce comportement n'était pas stupide aux yeux de tous les enfants : puisque «ça marchait», ce devait être pour chasser les passants.

Pour ceux qui avaient bien compris l'inutilité totale du dispositif, la réplique «ça marche» était perçue généralement comme confirmant la folie du propriétaire : «Il croit que ça marche». Pour quelques autres, cette folie peut être remise en question. «Ca marche» est synonyme de «je vous fais marcher». La réplique est perçue dans sa forme, mais elle n'est pas comprise dans le sens imaginé au début de l'étude. Ainsi, aucun sujet n'a interprété la réponse comme un contre-argument «logique» possible, comme le font certains adultes lorsqu'ils expliquent ce qui les fait rire.

Certes, nous l'avons dit, la méthode et la spécificité de l'histoire (jeu d'argumentation logique) favorisent sans doute la diversité des interprétations; mais, on va le voir, cette diversité se retrouve chez l'adulte, notamment à propos d'histoires d'autodérision.

UNE CERTAINE LIBERTÉ DE LECTURE

Lors d'une recherche réalisée avec Maurice Riguet (1992), nous nous sommes heurtés à un double problème : la rareté des histoires que nous pouvions considérer *a priori* comme faisant appel à de l'autodérision et, en même temps, la difficulté à rendre opérationnelle la notion même d'autodérision. En clair, si l'autodérision consiste à rire de soi, la difficulté vient du fait que le pronom « soi » se rapporte à une personne indéterminée : « soi » peut être n'importe qui. Une manière de procéder peut consister à privilégier le texte et à considérer qu'il y a autodérision lorsque le sujet modal, celui qui énonce le propos, vise une cible qui n'est autre que lui-même. Mais ce sujet, dans une histoire, est généralement indéterminé, comme dans l'exemple (VI) suivant :

(VI)
Je n'ai pas peur de la mort, mais je préfère ne pas être là quand cela va arriver.

Le pronom « je » renvoie à un locuteur absent. Ses propos sont rapportés. Et c'est sans doute parce qu'il ne désigne pas une personne réelle qu'il peut permettre l'identification chez celui qui fait sien l'énoncé. L'auditeur ou le lecteur peut se retrouver dans ce « je »-là. Cependant, rien ne l'y oblige. Ainsi les histoires d'autodérision semblent être des histoires où le sujet conserve une marge de liberté de lecture. Il peut sourire de lui-même, mais il peut aussi apprécier l'esthétique de la formule ou encore sourire des propos d'autrui. Le texte permet l'autodérision, mais il ne peut en aucun cas l'imposer.

CONCLUSION

On voit, avec ces quelques exemples, les difficultés que nous rencontrons dans l'élaboration de modèles. Les textes sont variés et le lecteur-auditeur universel est une abstraction simplificatrice.

Il y a, dans certains cas, un disjoncteur qui oblige à réduire une incohérence nette et explicite en recherchant une autre lecture possible du texte. Dans d'autres cas, il n'y a pas de disjoncteur. Le texte n'est pas explicitement drôle mais potentiellement drôle pour celui qui percevra le double sens.

Il y a des textes différents. Il y a aussi des traitements différents. Si l'on peut considérer le traitement d'une histoire comme une sorte de résolution de problème posé explicitement ou implicitement selon les histoires, les tentatives de résolution peuvent être plus ou moins élaborées selon les individus.

Cependant, ce traitement n'est pas seulement cognitif (au sens habituel du terme). Le texte humoristique peut se présenter aussi de manière telle que des lectures différentes sont possibles et celles-ci ne dépendent pas des seules compétences des lecteurs. Le texte propose, il n'impose pas. Sans doute pour plusieurs raisons. Déjà parce qu'il s'agit d'un jeu où les valeurs de vérité perdent de leur importance : s'il y a, en un certain sens, un problème à résoudre, celui-ci n'est pas sérieux. Ensuite, parce que la situation d'énonciation est elle-même particulière : les propos sont généralement rapportés et on ne sait plus qui les fait siens. Il faudrait donc maintenant introduire dans ces modèles cette relative liberté de lecture, fonction des personnes et fonction aussi de la structure et des contenus des histoires. Ainsi pourra-t-on espérer mieux rendre compte des processus de compréhension et d'appréciation. Il nous faut, en effet, et ce sera notre dernière remarque, ne pas oublier que le traitement du texte effectué par le sujet doit, si la communication est réussie, aboutir au rire, pour éviter dans nos modèles de réduire ce processus à une simple compréhension cognitive.

BIBLIOGRAPHIE

Attardo, S. (1988), «Trends in European humor reseach : toward a text model», *Humor*, 1-4, 349-369.
Attardo, S. (1993), *Linguistic Theories of Humor*, Berlin : Mouton de Gruyter.
Attardo, S. et coll. (1994), «The linear organisation of jokes : analysis of two thousands texts», *Humor*, 7-1, 27-54.
Berlyne, D.E. (1969), «Laughter, Humor and Play», in Lindzey, G., Aronson, E. (ed.), *Handbook of Social Psychology*, vol. 3, Massachusets : Addison-Wesley.
Januel, P. (1990), *Humour et logique : essai d'analyse de la compréhension d'une histoire drôle*, Mémoire, Besançon : Université de Franche-Comté.
Kant, E. (1846), *Critique de la faculté de juger*, trad. Philonenko, Paris : Vrin, 1989.
Lefort, B. (1990), «L'humour, une activité regulièrement irrégulière», *Humoresques*, tome 2, 25-30.
Lefort, B., Riguet, M. (1992), «Humour et formation : une recherche exploratoire», *Les Cahiers du CRELEF*, 33, 117-139.
Morreall, J. (1989), «Enjoying Incongruity», *Humor*, 2-1, 1-18.
Nerhardt, G. (1976), «Incongruity and funiness : toward a new descriptive model», in Chapman, A. and Foot, H., *humour and laughter : theory, research and applications*, London : Wiley, 55-62.
Rothbart, M.K. (1976), «Incongruity, problem-solving and laughter», in Chapman, A. and Foot, H., *humour and laughter : theory, research and applications*, London : Wiley, 37-54.
Spencer, H. (1860), «The physiology of laughter», *Macmillan's Magazine*, I, 395-402.
Suls, J. (1972), «A two-stage model for the appreciation of jokes and cartoons : an information-processing analysis», in Goldstein, J. and McGhee, P. (ed.), *The Psychology of Humor*, New York : Academic Press, 81-100.
Suls, J. (1983), «Cognitive processes in humor appreciation», in McGhee, P. and Goldstein, J. (ed.), *Handbook of Humor Research*, New York : Springer, 39-55.

Le pouvoir de la satire à travers un sketch de Lenny Bruce

Isabelle van de Gejuchte
Université Libre de Bruxelles

INTRODUCTION

La satire est un genre littéraire de longue tradition, qui cherche à dévaluer l'objet ciblé dans une intention comique. Gilbert Highet[1] nous informe qu'elle s'est inspirée des comédies grecques dans lesquelles elle a puisé le rythme, le style, la liberté d'expression, la moquerie des hypocrites et son style non conventionnel. Cette impulsion s'est transmise chez les romains. Au deuxième siècle avant Jésus Christ, Lucilius fut à Rome le premier satiriste et influença Horace puis Juvénal. La tradition satirique s'est maintenue au cours des siècles jusqu'à nos jours. La satire, souvent, emprunte un ton sarcastique ou ironique, mélange le comique à la critique de l'auteur.

Trois facteurs doivent être considérés lorsqu'on approche une œuvre satirique : le contenu du texte et les techniques qui lui sont propres, l'intention de l'auteur; et la réception, c'est-à-dire la manière dont le public perçoit et reçoit ce type de message.

Dans un premier temps, il s'agira d'expliquer, en quelques lignes, ces trois facteurs. Ensuite, je tiens à les illustrer à travers un sketch de Lenny Bruce. Enfin, à partir de cet exemple, nous verrons quel peut être l'impact d'une telle œuvre sur le public et quel en est le pouvoir.

MÉCANISMES ET FORME DES MESSAGES SATIRIQUES

Dans la satire, il se produit, comme pour la plupart des procédés imitatifs, une altération du réel, c'est-à-dire un décalage entre la représentation et la réalité observable. En effet, la satire procède en déformant les traits d'un individu ou d'une société en les exagérant et en les simplifiant. Le ou la satiriste focalise par exemple notre attention sur les défauts de la société et nous offre une image de la réalité sociale à laquelle nous n'étions pas — ou peu — conscients, et nous permet de découvrir, entre autres, l'absurdité du familier. L'effet comique provient dès lors, comme l'a souligné Arthur Koestler[2], de la présence simultanée, dans l'esprit des spectateurs, de la réalité sociale avec laquelle ils sont familiers et l'image détournée du satiriste.

La confrontation avec une matrice inconnue révèle sous un jour dur et impitoyable ce que nous ne sommes pas parvenu à découvrir par notre pensée quotidienne ; les présomptions tacites cachées dans les règles du jeu sont mises à nue. Le choc « bisociatif » fracasse la structure de nos habitudes de pensée[3].

La satire fonctionne en semant le désordre dans notre système de référence, parce qu'elle propose une autre version de la réalité, qui sera pour nous à la fois inattendue et parfois pertinente.

Selon Lionel Duisit[4], la satire utilise des procédés d'abstraction caractéristiques de l'allégorie[5] et des méthodes de déformation présents dans la caricature ou la parodie. L'abstraction cherche à réduire, à schématiser le réel et donne parfois l'impression d'un monde rigide, exagéré, voire irréel. Elle a pour effet de dévaloriser l'objet de la représentation et cherche à faire cohabiter chez le lecteur deux attitudes, d'une part la critique et d'autre part une volonté comique de dérision.

Notons que la signification du message satirique est ambiguë puisque celui-ci possède en général deux ou plusieurs sens, et reste donc ouvert à différentes interprétations. Remarquons également que la satire est un genre instable parce qu'elle a tendance à se transformer en un autre genre. En effet, si la déformation s'accentue et se généralise, on glisse vers le grotesque.

L'INTENTION DU SATIRISTE

Le ou la satiriste doit parvenir à exprimer des idées choquantes sans pour autant dégoûter son public. Son intention est de critiquer la société ou les personnes qui l'entourent, tout en gardant une dimension comique. Il ou elle cherche à ce que son public adhère à ses idées en lui faisant condamner des comportements qu'il/elle considère inacceptables.

Lionel Duisit confirme que le satiriste cherche, d'une part, à rabaisser l'image que l'on a de certains êtres, et, d'autre part, à inciter ceux que l'on prend à témoins de rejeter cette image. Pour le (ou la) satiriste, le point de vue de l'adversaire est erroné et il (ou elle) utilise un miroir déformant pour caricaturer son opinion. Dès lors, la tâche principale du satiriste est de convaincre son audience de la nécessité de son action. Si la satire perd tout rapport avec la réalité, l'audience ne la prend plus au sérieux et l'œuvre devient grotesque.

La satire souligne donc la différence entre ce que les choses sont et devraient être et touche à tout ce qui concerne l'humanité.

LA RÉCEPTION

Le comique de la satire se produit, remarquons-le, parce que les spectateurs sont parvenus à émettre des distances par rapport à l'objet ciblé. Le décodage de la satire est double, puisqu'il y a généralement une interprétation naïve, telle qu'elle nous apparaît au premier degré, et, d'autre part, celle de l'auteur, sous-jacente. Les spectateurs doivent dès lors découvrir l'idée véhiculée par le satiriste et donc posséder les connaissances culturelles et socio-politiques suffisantes pour décoder les intentions du satiriste, et pour identifier l'intention comique.

De plus, et c'est la particularité de la satire, le récepteur éprouve généralement des sentiments ou des émotions complexes partagées entre l'amusement et le dégoût. En effet, comme le satiriste veut amener son audience à découvrir sa cible sous un jour critique, mais en maintenant un ton comique, ce procédé provoque des sentiments ambivalents sur ses auditeurs.

UN SKETCH DE LENNY BRUCE

Lenny Bruce était un comique de cabaret qui a atteint sa renommée fin des années cinquante. Il fut célèbre pour sa satire mordante de la religion et de la société américaine. Il a en effet formulé des commentaires satiriques sur les valeurs dominantes de sa société et sur les détenteurs du pouvoir. Si Lenny Bruce n'était attaché à aucun parti politique particulier, son humour était motivés par des raisons politiques — dans leur sens large. Il était en effet indigné par les injustices sociales, le racisme et l'hypocrisie qui entouraient les mécanismes du pouvoir. Par l'usage des mots et des sujets, il a enfreint les limites de la morale en vigueur à l'époque. Cependant, ses critiques teintées d'humour qu'il formula sur les autorités politiques et religieuses lui ont valu de nombreux procès qui ruinèrent sa carrière, et, dans une certaine mesure, sa vie.

Son sketch le plus célèbre sur le racisme s'intitule : «*How Do You Relax Colored People at Parties?*[6]»

Dans ce sketch, Bruce présente un Américain blanc ordinaire qui veut mettre à l'aise un Noir, mais qui gaffe constamment. Cette anecdote s'inscrit dans le genre satirique. La satire, comme nous l'avons vu, vise à corriger des comportements humains ou des situations sociales en les ridiculisant. Dans ce cas, il s'agit de la satire du Blanc raciste qui essaye d'être «*politically correct*» envers un Noir. Cependant, dès ses premiers mots, ses préjugés et ses sentiments réels se manifestent.

Bruce met donc en évidence un trait qu'il veut critiquer. Il présente un personnage raciste «typique» et le réduit à une succession de stéréotypes. La personnalité d'Anderson est simplifiée et schématisée à ce caractère. Bruce pousse la caricature du raciste à un point tel que celui-ci perd toute sa crédibilité et tout respect aux yeux des spectateurs. L'alignement des commentaires racistes et, plus particulièrement l'effet «d'exagération», donne au texte sa dimension comique. La destruction symbolique de l'image de ce type de personnage fait naître chez le spectateur la dérision et la critique.

Voyons plus en détail comment les divers effets comiques sont articulés.

Bruce reproduit des situations, des mots et des phrases typiques dans lesquelles le public se reconnaît. Il les accumule les unes après les autres pour produire un effet exagéré. Le Blanc plein de bonne volonté ne parvient pas à adopter une attitude normale avec le Noir. C'est pourquoi le premier éclat de rire surgit lorsque Anderson parle de Joe Louis, un boxeur noir célèbre à l'époque. En parlant de Joe Louis, il marque le point selon lequel son interlocuteur est Noir. Le deuxième stéréotype raciste insiste sur le fait que les hôtes sont juifs et reprend la phrase clichée «*my best friends are jewish*». Très vite, les spectateurs comprennent que le personnage est non seulement raciste mais également antisémite. A cela, Bruce ajoute une dimension supplémentaire quand Anderson cherche chez le Noir Miller un allié contre les Juifs. Cette idée provoque une surprise de plus dans l'esprit des spectateurs, et accroît la force comique du texte. Ensuite, les spectateurs ont droit au stéréotype classique de la danse et «du rythme dans le sang». Anderson partage l'idée simpliste selon laquelle tous les Noirs sont de bons danseurs de claquettes et possèdent un sens naturel du rythme. Les sentiments racistes d'Anderson se résument dans la phrase suivante : «Du moment que les gens restent à leur place». Les préjugés d'Anderson sont tels qu'il ne peux pas imaginer que Miller puisse manger autre chose que de la pastèque ou du poulet (mets que l'on considère traditionnels chez les Noirs). Et enfin, le cliché classique de l'odeur des hommes Noirs dont le pouvoir séducteur sur les femmes blanches est infaillible. L'offense surpasse parfois le comique quand Anderson demande notamment à Miller de ne pas toucher à sa sœur parce qu'il est Noir. Ou encore, dans la chute finale, lorsqu'il décide d'inviter Miller mais seulement à la nuit tombée, pour que personne ne s'aperçoive qu'il reçoit un homme de couleur. Bruce introduit également des termes injurieux comme «nigger», «shenee», etc.

Les divers techniques comiques utilisées par Bruce sont, nous l'avons vu, l'exagération mais aussi la mise en avant de contradictions. L'attitude d'Anderson envers Miller est assurément contradictoire. Alors qu'il cherche à se lier d'amitié avec Miller et veut l'inviter chez lui, il l'offense en lui proposant de venir la nuit ou en lui demandant de laisser sa sœur tranquille. Lenny incorpore également des messages implicites qui renvoient aux comportements et dialogues racistes avec lesquels le public est familier. Il laisse à ses auditeurs le soin de retrouver les idées qu'il a voulu véhiculer. D'ailleurs, dans la réplique finale, l'analogie cachée que le récepteur doit reconstituer est : «La nuit rend l'homme noir invisible». Bruce donne ainsi une impulsion comique qui tempère son côté agressif du propos d'Anderson.

Au début du sketch, on peut croire à l'ambiguïté de la position de Bruce par rapport au personnage d'Anderson. Mais l'exagération et les propos absurdes qu'il prête à Anderson le range vite dans le camp critique. Bruce profite de ce numéro pour critiquer le comportement paternaliste que certains Blancs ont vis-à-vis des Noirs. Anderson répète à plusieurs reprises «*You're a good guy*»; il veut s'occuper de Miller, lui donner à manger et l'inviter chez lui.

En peignant un personnage cordial plein de bonne volonté mais qui ne peut s'empêcher d'émettre des propos racistes offensants, Bruce critique non seulement des préjugés racistes vis-à-vis des Noirs mais également les personnes qui sont assez stupides pour croire que ces préjugés (absurdes) sont vrais.

Chaque fois que le Blanc «insulte» le Noir, le public rit parce qu'il réalise que ces préjugés font partie de leur quotidien. Les rires se manifestent chaque fois que Bruce «enfonce le clou» et il frappe de plus en plus fort, de la plus petite allusion raciste à des propos absolument intolérables. Le public rit dès lors en raison des éléments comiques tout en étant choqué par certains propos.

Une autre caractéristique de la satire que nous avons soulignée précédemment sont les sentiments ambivalents qu'elle suscite auprès du public. Au-delà du rire s'installe un certain malaise. Par le rire, le public se moque du discours d'Anderson que certains ont peut•être déjà tenu eux-mêmes. Dans sa critique du raciste, Bruce inclut dès lors une partie de son public. Ainsi, il se peut que certains de ses membres se sentent offensés par une telle moquerie qui les touche eux aussi, dans leurs idées les plus profondes. Si nous nous fions au témoignage de Frank Kofsky[7], présent lors d'une représentation de ce sketch à San Francisco en 1960, l'identification à Anderson aurait gêné plusieurs personnes. Il semble, en effet, que certains membres du public se soient reconnus en Anderson. Frank Kofsky affirme que le public était composé d'un tiers de Noirs et de deux tiers de Blancs. Parmi la deuxième catégorie, la moitié est sortie, gênée, durant ce numéro.

> J'estimerais qu'à peu près un tiers du public était Noir; deux tiers étaient Blanc; et parmi cette dernière catégorie, environ la moitié est sortie gênée durant cette partie du spectacle. Apparemment, Bruce avait effleuré des attitudes que de nombreux (la plupart des) Blancs refusaient ou n'étaient pas capable de confronter[8].

Dès lors, une hypothèse peut-être avancée : la raison pour laquelle certaines personnes ont quitté la salle n'était pas qu'elles étaient choquées par les propos offensants que Bruce mettait dans la bouche d'Anderson mais parce qu'elles s'identifiaient au «monstre» qu'il était. Si la première explication avait été la bonne, le public noir aurait été le premier incommodé par ce numéro. Or Kofsky n'indique pas qu'un Noir ait quitté le spectacle.

Notons tout de même qu'il ne s'agit là que d'une hypothèse. Il se peut très bien qu'une partie du public soit sorti non pas par identification, mais parce qu'elle fut tout simplement choquée par les propos de Bruce.

Ou encore, parce que cette fraction du public n'a tout simplement rien compris et, par le retrait, a exprimé son indifférence.

L'effet subversif de ce sketch fut beaucoup plus fort à la fin des années cinquante qu'il ne l'aurait été dans notre décennie par exemple. Il régnait, à l'époque, aux Etats-Unis, un climat raciste beaucoup plus net qu'aujourd'hui. Particulièrement dans les Etats du Sud, la ségrégation se matérialisait dans les lois. La critique présente dans «*How to relax colored people at parties*» s'adressait non seulement aux individus ayant un comportement raciste mais également au système américain tout entier qui tolérait ces lois et fermait les yeux sur de tels comportements. Il existait, rappelons-le, des établissements, comme certains restaurants, qui refusaient d'accueillir des personnes de couleur. Les Noirs américains avaient devant eux de longues années de combat pour l'acquisition de leurs droits.

C'est pourquoi ce sketch, au-delà du rire provoqué par l'identification de situations vécues, traduisait une vérité douloureuse dont les Etats-Unis avaient honte.

LE POUVOIR DE LA SATIRE

Le comique satirique ne se limite pas à contester certaines valeurs mais, par le ridicule, il introduit une liberté, une indépendance — relative et souvent limitée dans le temps — par rapport à celles-ci.

Au niveau du langage, Bruce par les jeux sur les mots et des contradictions de sens, a opéré une distance entre l'objet ciblé — les normes et les valeurs dominantes de la société américaine — et les spectateurs. Il n'a pas offert une critique ouverte, mais a déconstruit l'aura et le prestige de sa victime. Cette rupture a permis, dès lors, à certains membres du public d'envisager le cours de leur existence avec un certain recul, et, pourquoi pas, sous un angle critique.

Par son art, Bruce avait en effet la faculté de faire émerger, dans la conscience de ses admirateurs, un sens critique, un regard nouveau par rapport aux valeurs, aux symboles et à la «normalité» des événements de leur quotidien. Son humour a perturbé les spectateurs dans leur acceptation docile de l'ordre des choses, puisqu'il a montré que celui-ci n'était pas immuable.

Bruce pouvait dès lors mettre en péril un des piliers sur lequel les autorités appuyaient leur pouvoir, puisqu'il a fait naître chez son public la possibilité d'établir une distance critique entre eux-mêmes et les valeurs dominantes de la société, ou de manière plus générale ce que l'on nomme « l'ordre des choses ». Il a affaibli (dans une certaine mesure) les normes, les idéologies et les valeurs sur lesquelles les classes dominantes fondaient — en partie — leur pouvoir. Les promoteurs du statu quo ont compris que Lenny « réveillerait » en quelque sorte les consciences assoupies du public et se sont débarrassés de cet élément perturbateur. En effet, les représentants de l'ordre et du pouvoir (la police, le procureur général) et les groupes de pression religieux ont utilisé leurs propres ressources pour mettre fin à son discours. Ils ont même contourné une loi pour empêcher le comédien d'exercer son art.

Nous pouvons dès lors déceler dans la satire un certain pouvoir, celui de briser le compromis. Si la satire ne propose pas nécessairement de modèle alternatif, elle occasionne plutôt un choc, une rupture plus ou moins longue dans le modèle de pensée du public[9].

ANNEXE

La version retranscrite est tirée du disque de Lenny Bruce, une version plus longue a été publiée dans *The essential Lenny Bruce*[10].

This is the typical white person's concept of how we relax colored people at parties.

WHITE : *Eh, it's a hell of spread- they really know how to put on a treat, these people.*

NEGRO : *Yeah, it's very nice.*

WHITE : *It's beautiful. I didn't get your name.*

NEGRO : *Miller.*

WHITE : *Miller, my name is Mr. Anderson.*

NEGRO : *Nice to meet you.*

WHITE : *I never saw you around this neighborhood. Uh, you live around here?*

NEGRO : *Uh, yeah. On the other side.*

WHITE : *Oh I was wondering about that. [Pause] (rire) That Joe Loui*[11] *was helluva fighter (rires).*

NEGRO : *Yeah.*

WHITE : *Helluva man, helluva - there'll never be another Joe Louis. Uh, have ya gotta cigarette on ya?*

NEGRO : yeah

WHITE : Uh, oh-the one you're smoking?! Uh, well, I'll put that out for ya, here (rires). Ya know, I don't know these people too well. Are you familiar with them?

NEGRO : No, it's uh...

WHITE : I don't know if they're - I think they're Hebes - you're not Jewish, are ya? (rires) No offense! Some of my best friends are Jews. Have 'em over to the house for dinner. They're alright, uh, you know, some sheenies are not good, but you seem like a white jew to me. Yeah, that Bojangles-Christ, could he tap dance (rires).

NEGRO : Oh, yeah...

WHITE : You tap dance a little yourself, huh

NEGRO : Right yeah...

WHITE : All you people can tap dance, I guess (rires). You people have a natural sense of rhythm. What's that, born right in ya, I guess, huh? (rires) Yeah, boy, way I figure it is, no matter what the hell a guy is, if he stays in his place, he's alright (rires). That's the way I look at it. That's what's causin' all the trouble in the world - everybody, like, uh, I mean, uh - oh, here's to Joe Louis. Joe Louis was a guy who, the way I figure it, he was a guy just knew when to get in there and get out a of there... that's more than I can say for a lotta you niggers (rires). No offence - I had a few on way over here, you know. You're alright; you're a good boy. Uh, did you have anything to eat yet?

NEGRO : No, I haven't. I'm kinda hungry.

WHITE : ... If there is any watermelon left (rires), uh fried chicken or dice of razors, but uh, I'll see if I can fix you up with somethin'. Uh, I wanna you over da house, but I've got a bit of a problem now, and I don't want you to think I'm out of line, but - I gotta a sister. I hear that you guys - (rires) you know, it's my sister, and... Well, I'll put it to you a different way : you woundn't wan' no no Jew doin' it to your sister (rires), wouldja? That's the way I feel about it, ya know? I don't want no coon doin' it to my sister (rires). I didn't mean you no offence ya know what I mean?

NEGRO : Sure.

WHITE : And as far as my sister's concerned, shake hands on you won't do it to her.

NEGRO : Yeah.

WHITE : You won't do it to her?

NEGRO : No.

WHITE : I hear you got some perfume you put on, when you - it'll make them do it to you.

NEGRO : No.

WHITE : You don't do it? It's not true? There is no perfume you put on 'em? They just do it to ya?

NEGRO : No.

WHITE : You're awright. Hey, listen - uh, I'd like to have you over to the house, I was tellin' ya, but, uh, wait'll get dark, an', uh, ... (rires)

*
* *

C'est le comportement typique d'une personne qui veut mettre à l'aise des personnes de couleur lors d'une soirée.

BLANC : Quelle superbe soirée, ils savent bien recevoir, ces gens.

NOIR : Oui, c'est très agréable.

B : C'est superbe. Je n'ai pas bien compris votre nom.

N : Miller

B : Miller, mon nom est M. Anderson.

N : Enchanté.

B : Je ne vous ai jamais vu dans ce quartier. Vous vivez dans le coin ?

N : Euh, oui. De l'autre côté.

B : Ah, oui je me disais bien. Ce Joe Louis, quel boxeur !

N : Oui.

B : Quel homme, Dieu il n'y aura plus jamais un autre Joe Louis. Euh, avez-vous une cigarette sur vous.

N : Oui.

B : Oh celle que vous fumez ?! Ah, bon, je vais vous l'écraser. Vous savez, je ne connais pas très bien ces personnes. Etes-vous un familier ?

N : Non, c'est, heu, ...

B : Je ne sais pas s'ils sont - Je crois qu'ils sont youpins - vous n'êtes pas juif, n'est-ce pas ? Pas de problème, certains de mes meilleurs amis sont juifs. Je les invite à dîner. Ils sont gentils, euh, vous savez, certains youpins ne sont pas très honnêtes, mais vous semblez être comme un juif blanc pour moi. Ah, ce nègre, mon Dieu il sait danser les claquettes.

N : Oh, oui...

B : Vous dansez les claquettes vous aussi, euh

N : En effet...

B : Vous savez tous danser les claquettes, n'est-ce pas. Vous les nègres, vous avez un sens naturel du rythme. C'est en vous, oui, euh ? En fait, ce n'est pas important de quelle race est un mec, s'il reste à sa place, pas de problème. C'est comme ça que je vois les choses. C'est ça qui provoque tout les problèmes dans le monde - tous ceux comme, euh, enfin, à la santé de Joe Louis. Joe Louis était un mec qui, la manière dont je le vois, c'était un mec qui savait quand il fallait attaquer et se retirer... Il était plus malin que la plupart des nègres. Ne vous fâchez pas - J'ai bu quelques verres sur la route, vous savez. Vous êtes bien ; vous êtes un bon garçon. Oh, avez-vous déjà mangé ?

N : Non. J'ai un peu faim.

B : Je vais voir s'il reste de la pastèque, euh du poulet frit ou des fruits de mer, je vais voir si je peux vous arranger quelque chose. Euh, j'aimerais que vous veniez chez moi, mais j'ai un petit problème, et je ne veux pas que vous pensiez que je sois vieux jeu, mais - j'ai une sœur. J'ai entendu que vous les Noirs - vous savez, c'est ma sœur, et... Bon, je vous le dis autrement : vous n'aimeriez pas qu'un juif le fasse avec votre sœur. N'est-ce pas ? C'est comme ça que je le sens ? Je ne veux pas qu'un nègre le fasse avec ma sœur. Je ne veux pas vous heurter, vous voyez ce que je veux dire ?

N : Bien sûr.

B : En ce qui concerne ma sœur, vous me promettez que vous ne la toucherez pas.

N : Oui.

B : Vous la laissez tranquille ?

N : Oui.

B : J'ai appris que vous avez un certain parfum, qui les rend folles.

N : Non.

B : Vous êtes un mec bien. Euh, dites, j'aimerais que vous veniez à la maison, je vous l'ai dit, mais, euh, attendez qu'il fasse noir, euh...

NOTES

[1] Highet, G., *The Anatomy of Satire*, New Jersey, Princeton University Press, 1962.
[2] Koestler, A., *The Act of Creation*, London, The Danube Edition, 1976.
[3] Koestler, A., *op. cit.*, p. 73, ma traduction. «*The confrontation with an alien matrix reveals in a sharp, pitiless light what we failed to see in following our dim routines; the tacit assumptions hidden in the rules of the game are dragged into the open. The bissociative shock shatters the frame of complacent habits of thinking.*»
[4] Duisit, L., *Satire, Parodie, Calembour, Esquisse d'une théorie des modes dévalués*, Saratoga, Anma Libri, 1978.
[5] C'est-à-dire que la satire se focalise sur un élément spécifique d'une notion ou d'une représentation, en portant notre attention sur lui et en négligeant les autres.
[6] Le sketch est repris en annexe.
[7] Auteur du livre *Lenny Bruce, The Comedian as Social Critic and Secular Moralist*, New York, Monad Press, 1974.
[8] Kofsky, F., *op. cit.*, p. 46. «*I would estimate that roughly one-third of the audience was Black; two-tirds were white; and of the latter, about one-half walked out in high dudgeon during this portion of the performance. Apparently, Bruce was touching on widely held attitudes that many (most) whites were then unwilling or unable to confront in themselves.*»
[9] Ce choc ne se produit, remarquons-le, que si le récepteur décèle l'effet comique. Notons également que cette rupture peut être de très courte durée et le modèle original retrouve souvent sa place dans l'esprit du public.
[10] Cohen, J., *The Essential Lenny Bruce*, New York, Ballantine Books, 1967.
[11] Joe Louis était un boxeur noir célèbre.

Le rire et le croire :
Devos, Desproges, Dieu

Bernard Sarrazin
Université de Paris VII

Histoire du rire, du savoir et du croire

On serait tenté d'abord de traiter le sujet sous un angle historique et du point de vue de la croyance religieuse. Les dévots, les théologiens et les prêtres considèrent volontiers le rire comme une manifestation incompatible avec la foi et donc, dans une ère de croyance, perverse et diabolique. Quand Jankelevitch dit que l'ironie «*nous délivre de nos terreurs ou nous prive de nos croyances*[1]», il songe sans doute à l'histoire de l'Occident où la libération du rire a accompagné la libération du savoir. Aujourd'hui, le rire, qui ébranle les certitudes dogmatiques, serait donc du côté du savoir ou du non-savoir, non du croire. Or, dit Greimas, cette opposition est idéologique. La réalité est sans doute plus complexe que le laisse penser cette vision positiviste de l'Histoire. Celle--ci d'ailleurs le démontre elle-même : il y a toujours eu des croyants non-conformistes pour associer rire et croire, humour déstabilisateur et foi mystique. Par exemple, on trouve des fragments ou des éclats de rire dans la Bible, en dépit d'une tradition hostile, d'ailleurs plus chrétienne que juive; Rabelais conjugue sa foi religieuse avec un rire issu tout à la fois du Carnaval médiéval et de sa sagesse humaniste ; et, dans l'Islam, les Soufis savaient même, paraît-il, *«rire avec Dieu[2]»* !

Pour apporter nuance et précision, on va donc tenter une approche non plus historique mais linguistique et pragmatique, de l'acte de croire et de l'acte de rire. Nous ne sortons pas pour autant de l'Histoire, puisque Greimas, notre premier guide, dans son analyse du *Croire*[3], prétend décrire la *«crise de la véridiction»* qui caractériserait *«l'ère de l'incroyance»* où nous sommes censés vivre. Et nous étudierons comment nos contemporains y répondent par le rire en étudiant des textes contrastés de deux humoristes, Pierre Desproges et Raymond Devos.

L'ACTE DE CROIRE SELON GREIMAS

La thèse de Greimas est qu'en fait *«le savoir et le croire* (appartiennent à) *un seul univers cognitif*[4]*»*. Le mot *croire* a au moins deux sens forts : *«considérer comme véritable»* et *«tenir quelqu'un pour sincère»* comme en latin *credere* veut dire à la fois *croire à* quelque chose et *croire en* quelqu'un, avoir confiance — et des sens faibles —, *considérer comme vraisemblable ou probable, estimer, imaginer*. On constate un certain flou dans ces définitions, qui vient sans doute de ce que, si les modalités *«aléthiques»* — affirmer comme vrai et refuser comme faux — s'opposent de façon catégorique et contradictoire, il n'en est plus de même quand on introduit le paramètre de la confiance. On enclenche alors des réactions graduelles : admettre plus ou moins comme probable, ou douter plus ou moins comme incertain.

D'autre part, le *croire* du point de vue pragmatique ou de la communication, comporte, selon Greimas, deux pôles, du destinateur ou du destinataire, un «faire persuasif» et un «faire interprétatif», le *faire-croire* et l'*acte de croire*, *«autrement dit l'acte épistémique»*. Cette interaction suppose un contrat de confiance — Greimas parle de *«contrat fiduciaire»* — issu, dans le cas du texte écrit, *«d'une sorte de marchandage entre l'auteur et le lecteur»*. L'un *manipule* et le second *sanctionne*. Greimas construit alors un carré sémiotique qui réunit *croire* et *savoir*, oppositions catégoriques du savoir ou graduelles du croire : l'énoncé change de statut, selon qu'il est affirmé, refusé, admis ou mis en doute. Mais la part de la *fiducie* variera selon l'univers cognitif où s'inscrit le discours : elle est minime, s'agissant du discours scientifique qui fonctionne selon une logique binaire ; elle est grande dans les discours religieux ou poétique qui fonctionnent selon une autre logique faisant coexister les contraires dans une structure mixte.

CRISE DE LA VÉRIDICTION : CONTES DE FRIPONS

Aujourd'hui, où est le croyable et l'incroyable ? Nous sommes, dit Greimas, entrés dans une crise de la véridiction

> [...] où de multiples discours s'interpénètrent et s'enchevêtrent, dotés chacun de sa propre véridiction, porteurs de connotations terrorisantes ou méprisantes qui relèguent les autres discours dans le statut de « paraître » mensonger.

Il n'existe plus que ce qu'on appelle dans le folklore des « *contes de fripons* », où alternent dupes et fripons, où les dupeurs sont dupés, et réciproquement. Et Greimas de conclure :

> Dans l'ère de manipulation où nous vivons, l'écart entre la vérité et la certitude, entre le savoir et le croire, est particulièrement visible (...). La société d'incroyance se laisse submerger par des vagues de crédulité, se laisse prendre par des discours politiques, didactiques, publicitaires, et le savoir acquis sur les pièges du savoir est un antidote absolument inefficace. Le cri de douleur « Credo quia absurdum » qui nous parvient du fond du Moyen Age s'applique bien à ces jeux de fripons et de dupes, de sur-conscience ou d'inconscience, à ceci près que la douleur en est absente[5].

Bref, aujourd'hui, l'absurde fait rire. C'est ici que le rire entre en scène.

UN CONTRAT DE NON-VÉRIDICTION ET DEUX STRATÉGIES

Pour répondre par le rire à cette crise de la véridiction qui correspond à la mort des grandes certitudes, à la Mort de Dieu, Devos et Desproges signent avec leur public une sorte de contrat de non-véridiction, et, sur cette base, construisent chacun sa stratégie, deux « stratégies de crise » opposées, le rire cynique de Pierre Desproges qui veut « *faire ne pas croire* » et l'humour de Raymond Devos qui veut « *faire croire à l'incroyable* », suspendant le spectateur dans une sorte d'état d'apesanteur.

DEVOS OU FAIRE CROIRE À L'INCROYABLE : CROIRE OU NE PAS CROIRE

L'œuvre de Devos illustre et presque allégorise le propos de Greimas en installant au cœur du discours comique la question du croire, du besoin et de l'impossibilité de croire, avec, ici et là, l'apparition de la figure de Dieu, à mi-chemin exactement de l'imaginaire et du réel. Le nombre des occurrences du mot lui-même et du lexique du *croire*, surtout dans la première partie de l'*Intégrale*[6], c'est-à-dire dans les textes de la dernière période, est impressionnant. Une situation revient souvent dans ces récits : le héros narrateur est pris dans un chassé-croisé ; ou bien c'est lui, l'artiste, qui voudrait convaincre autrui et qui n'y parvient pas — il faut dire qu'il veut faire croire à l'incroyable —, ou bien c'est lui l'incrédule. Ainsi, dans *Tours de clefs* (p. 43), au bout d'une histoire rocambolesque, le narrateur s'étonne :

> Ce n'est pas la peine que je continue,
> les gens ne me croient pas !
> je le vois bien !
> Et ils ont raison. Ils ont raison ! C'est tellement énorme ce que je raconte là !
> C'est gros comme une maison !
> D'ailleurs les gens sont tellement gentils...
> Ils voudraient me croire...
> Ils me disent :
> Monsieur, vous n'auriez pas une preuve
> de ce que vous avancez ? Un témoin-clef ?

Mais Devos ne croit même pas à ce qu'il raconte, et quand un témoin se présente, il le répudie :

> C'est tellement énorme...
> que...
> je ne l'ai pas cru !

Les fables de Devos n'appartiennent donc pas à la fiction qui, comme dit Todorov, n'est ni vraie ni fausse, alors que ces récits font l'objet d'un continuel procès en véridiction : le narrateur convoque des témoins fantaisistes ou récuse les témoins du partenaire devenu l'adversaire : dans *Mon chien, c'est quelqu'un* (p. 251)

> ... Parce que cette histoire,
> lorsque c'est moi qui la raconte, personne n'y croit.
> Alors que...
> lorsque c'est mon chien...
> les gens sont tout ouïe...
> Les gens croient n'importe qui !

Crise de confiance en l'énonciateur qu'accompagne une crise de foi de l'énonciateur lui-même comme il le confesse à sa femme dans *Je zappe* (p. 251), déchiré entre le corps d'Emmanuelle et l'âme de Sainte Thérèse :

> « Je lui dis :
> — J'ai une crise de fois !
> Elle me dit :

— De quel «foie»?
Je lui dis :
— Des deux «fois»... enfin, on n'a pas deux foies...
J'ai une crise de ce foie-ci... (il le désigne),
le foie que l'on peut palper, et puis de l'autre foi, l'impalpable! J'ai mal au deux «mots» à la fois.
J'ai mal à mon foie et à ma foi...

CRISE DE LA FIDUCIE

L'examen clinique est impeccable : l'organe malade est le vocabulaire. Mais le symptôme ne dit pas la maladie. On dirait que tout vient des ambiguïtés du langage, mais l'ambiguïté du langage n'est pas seule responsable, c'est son fonctionnement dans la communication qui est en cause. Plus profondément, c'est la *Fiducie* qui est en crise : d'où vient cette difficulté d'établir le contrat fiduciaire ? Ainsi, dans *Un ange passe* (p. 100) :

> Évidemment je ne dis pas que je vois
> passer un ange
> parce qu'aussitôt dans la salle,
> il y a un doute qui plane !

> Je ne sais pas comment vous convaincre ?!
> Je vous donnerai bien ma parole, mais vous allez la mettre en doute !
> Le doute... Je le vois planer...

Or, un peu plus haut, Devos reprochait à un quidam de dire qu'un ange passait sans l'avoir vu passer, en bref, il lui reprochait de ne pas croire aux métaphores :

> S'il avait le courage, comme moi, d'observer le silence en face,
> l'ange, il le verrait !
> Parce que, mesdames et messieurs,
> lorsqu'un ange passe, je le vois !
> Évidemment, je ne dis pas que je vois
> passer un ange,
> parce qu'aussitôt, dans la salle... etc.

Le quidam aurait donc dû retourner la métaphore du figuré au propre, c'est-à-dire dans le sens contraire de l'usage rhétorique, il n'a pas réveillé la «métaphore vive» par lâcheté, par peur de voir la vérité en face. Quand, en société, pèse un trop lourd silence, les gens s'en sortent par une pirouette verbale. Surprenante et grave accusation morale, de la part d'un comédien qui ment comme il parle ! Comme si son mensonge à lui, le mensonge de la littérature, visait à produire de la vérité ? La vérité, l'artiste ne la connaît pas plus que les autres, mais, pour faire la leçon à ce public frivole, le saltimbanque, doux pédagogue, par la grâce d'un dernier calembour, va contraindre chaque spectateur à regarder en soi, l'espace d'un instant, sa vérité intérieure : l'ange vient d'être attiré par la lumière des projecteurs :

> Ébloui, l'ange s'y brûle les ailes et l'ange choit!
> Et un ange qui a chu est déchu!!
> Mesdames et messieurs... à la mémoire de tous les anges qui sont tombés dans cette salle, nous allons observer une minute de silence... (Trois points de suspension)

L'ESPACE ENTRE L'IMAGINAIRE ET LE RÉEL : CROIRE SANS CROIRE

Si on additionnait tous les points de suspension de l'*Intégrale*, ils occuperaient plusieurs pages, un vide existentiel, l'espace que mesurent les incessants allers et retours auxquels se livre l'artiste de l'imaginaire au réel et du réel à l'imaginaire. Car si Devos croit à quelque chose, c'est à «la force de l'imaginaire» et à sa capacité de faire sens, à vous de dire lequel : dans *Objets inanimés* (p. 161), le message — *avez-vous donc une âme* — reste allusif, en arrière-plan. Ce qui vient au devant de la scène, c'est le jeu de dupes, la parodie un tantinet transgressive des textes de référence : la littérature biblique ou romantique. Dans ce sketch, Devos rivalise avec le Créateur : à partir d'une côte, il se transforme en peigne :

> je suis devenu un peigne : je retirai une côte (...)
> Écoutez! À ceux qui trouveraient ce récit
> extravagant, je répondrai que des côtes retirées
> on en a vu d'autres! Il y a eu des précédents!
> C'est tout de même à partir d'une côte d'Adam
> Que Dieu créa la femme.
> Eh! bien moi, c'est à partir d'une de mes côtes
> que j'ai créé un peigne

Curieusement, sans que rien permette de penser que Devos puisse avoir une intention profanatrice, il disqualifie l'autorité sacrée qui lui sert de référence; il transfère cette autorité à l'imaginaire. Et l'artiste, selon Devos, magicien, comme le poète hugolien était mage, se trouve investi d'une véritable mission, introduire le public dans l'imaginaire, puis l'en sortir : dans *Supporter l'imaginaire* (p. 108) :

> Lorsqu'on a la prétention comme moi
> d'entraîner les gens dans l'imaginaire,
> il faut pouvoir les ramener dans le réel,
> ensuite... et sans dommage!
> C'est une responsabilité

L'imaginaire, par exemple, c'est l'ange; le réel, c'est le silence, et le jeu consiste à aller de l'un à l'autre dans un tourniquet assez vertigineux pour qu'on ne sache plus quand on est dans le réel et quand dans l'imaginaire. On ne sait plus quoi croire, on croit sans croire, ce qui est le propre du jeu.

UN MARCHÉ DE DUPES

Le problème, c'est que le réel ne fait plus alors le poids. Pas plus que la vérité. Du moins, c'est un problème pour celui qui est chargé de faire respecter la Loi ou le principe de réalité, c'est lui qui risque de faire un marché de dupes, c'est-à-dire de perdre son pouvoir, dans cette espèce de contrat de non-véridiction que lui propose l'artiste. Le gendarme, par exemple, le dit à Devos, marchand d'illusions (p. 113) :

> Que vous soyez dans l'imaginaire, c'est normal, vous êtes l'artiste !
> Mais moi, je suis gendarme et je ne suis pas dupe !

Dénégation qui ne trompe personne : on sait bien que si Devos a réussi son mime, le gendarme a été dupe. Comme le monsieur du premier rang à qui Devos verse un verre de vin... dans la main. Le monsieur est enchanté (p. 110) :

> Il me dit :
> — C'est un bon cru
> Je lui dis :
> — Je le crois...

Seuls l'artiste et son compère le pianiste s'en sortent bien : cultivant le «paradoxe du comédien», ils sont en position de jouer aussi bien le dupeur que le dupé dans ce *no man's land* du sens qu'ils ont construit. L'un renvoie la balle à l'autre à quelques minutes de distance ; il prend à témoin le public avec exactement la même phrase : «*Vous voyez qu'il croit n'importe quoi*» (*L'apparition de la parente*, p. 122 et *Le bout du tunnel*, p. 134). Et le public, qu'il accuse l'un ou l'autre d'être menteur comme à Guignol, se met dans son tort, il casse le jeu pour lequel il a payé son entrée. Il est en situation de *double bind*, de double contrainte. Tandis que l'artiste, à la sortie, ayant rempli son contrat, peut déclarer avec un aimable cynisme : «*Moi, j'en suis sorti indemne. Je n'étais pas dupe... je suis l'artiste!*» (*Supporter l'imaginaire*, p. 114).

DIEU

C'est pourquoi l'artiste est particulièrement bien placé, dans la crise de la véridiction, pour traiter du problème métaphysique par excellence, celui de l'existence — pourquoi existe-t-il quelque chose plutôt que rien ? — Dieu n'étant qu'un cas particulier. L'univers de Devos illustre parfaitement cette ère d'incroyance où l'on peut croire à n'importe qui et à n'importe quoi : il multiplie les professions de foi, toujours liées à un tour de passe-passe verbal par lequel le magicien fait sortir de son chapeau l'objet de sa croyance «*La métempsycose, ça existe !*» (*Métempsycose*, p. 157) — «*Je ne sais pas si vous croyez à la sorcellerie. Moi, je ne voulais pas y croire*» (*Le possédé du percepteur*, p. 225). Et puis finalement, il y a cru — «*Le dédoublement de la personnalité, ça existe !*» (*L'auteur critique ou un cas de dédoublement*, p. 460) — ou bien encore, pour imiter André Frossard : «*Attention, Madame Close existe, Madame Close existe, je l'ai rencontrée*» (*L'apparition de la parente*, p. 123).

Et nous aboutissons très naturellement à l'extase spirituelle et à la théophanie biblique, expérience sans doute exceptionnelle mais comme toutes les autres. Il est remarquable que le surnaturel, chez Devos, soit banalisé. Dans une interview d'ailleurs, hors micro, Raymond Devos authentifie l'événement :

> C'est vrai, j'ai eu une illumination, un jour dans un moment de détresse. Je ne devrais pas le dire, c'est tellement personnel. J'ai vu Sa lumière et eu l'impression d'avoir touché quelque chose d'essentiel, d'universel, comme une sensation divine, je n'en suis toujours pas remis[7].

Refermons la biographie. Elle nous rappelle au moins que le comique naît d'une cassure, d'une blessure, ou d'un malaise, d'une humiliation, comme Devos le répète dans beaucoup d'entretiens, donc hors texte. La biographie nous permet aussi d'éviter un contresens : prendre pour parodie ou dérision iconoclaste, ce qui en a tout l'air ; chez Devos, il faut retourner deux fois les antiphrases : le comble de l'ironie, c'est quand il dit la vérité ! Dans *L'homme existe, je l'ai rencontré*, p. 238) :

> Que Dieu existe, la question ne se pose pas
> Mais que quelqu'un l'ait rencontré
> avant moi, voilà qui me surprend !
> Parce que j'ai eu le privilège
> de rencontrer Dieu juste à un moment
> où je doutais de lui !
> Dans un petit village de Lozère
> abandonné des hommes,
> il n'y avait personne.

Et en passant devant la vieille église,
poussé par je ne sais quel instinct,
je suis entré...
Et, là, j'ai été ébloui... par une lumière
intense... insoutenable !
C'était Dieu... Dieu en personne.
Dieu qui priait !

Un Dieu qui prie. Ce retournement carnavalesque fait penser à certaines images d'Épinal : le stéréotype bascule du réel dans l'imaginaire et du même coup du sensible dans le risible. La différence, c'est que l'image d'Épinal ne se permettait pas de jouer avec la figure de Dieu. Autres temps, autres mœurs !

Dieu donc prie et qui prie-t-il ? L'homme, et quand il aperçoit Devos, il s'écrie : *Miracle ! Une humaine apparition !* Est-ce bien un retournement carnavalesque ? En fait, il n'y a pas de retournement de haut en bas, l'homme ne va pas jusqu'à prendre la place de Dieu, mais, par une sorte de nivellement des positions, le dialogue s'engage sur le mode du plain-pied démocratique :

Je lui ai dit :
— Mais, mon Dieu...
comment pouvez-vous douter
de l'existence de l'homme,
puisque c'est vous qui
l'avez créé ?
Il m'a dit :
— Oui... mais il y a si longtemps que je n'en ai pas vu dans mon église...
que je me demandais si ce n'était pas une vue de l'esprit !
Je lui ai dit :
— Vous voilà rassuré,
mon Dieu !
Il m'a dit :
— Oui !
Je vais pouvoir leur
dire là-haut :
« L'homme existe, je l'ai rencontré ! »

Il est difficile de parler de façon plus anodine de la déchristianisation et de la mort de l'homme — selon Michel Foucault ? On constatera aussi que ce Dieu bonhomme, aussi anthropomorphisé que le Dieu jardinier de la Genèse, n'est plus une autorité castratrice ; il est devenu tout au plus un Surmoi bienveillant. On pense alors au mécanisme de l'humour tel que l'a décrit Freud. L'instance qui rassure devant les menaces de castration n'est pas détruite, mais apprivoisée, son caractère intraitable assoupli[8]. Ainsi, dans le sketch du *Millefeuille* (p. 91), Devos cherche à se cacher du *«Dieu là-haut qui voit tout»*. Mais celui-ci intervient :

— Alors, on joue les Don Camillo ?
Moi qui te prenais pour la crème des hommes...
Moi :
— Seigneur, ce ne sont que de pauvres feuilles !
Lui :
— Oui, mais il y en a mille !
Pense à ceux qui ont faim, homme de peu de foi...
Pour ta pénitence, tu me copieras cent fois le mot faim...
et sans fin le mot foi !

UNE TRANSGRESSION BIEN TEMPÉRÉE

On remarquera la part de l'auto-ironie dans cette satire plutôt sévère de la culpabilité chrétienne. La virulence de la parodie est constamment tempérée par une sorte d'onction ecclésiastique. Y aurait-il du chanoine dans ce Devos qui s'avoue un peu Don Camillo ? De Dieu, il semble faire son compère et, ensemble, ils font du cinéma — moral et religieux, convoquant les Saintes écritures, l'histoire d'Abraham et même — oh ! sacrilège — l'épisode de Géthsémani : dans *L'ordre et le désordre ou le tiercé* (p. 280), le croyant narrateur vient de gagner au tiercé ; ce tartuffe veut déchirer son billet ; Dieu retient son bras :

O mon Dieu, pourquoi retenir mon bras...
Je sens que vous m'abandonnez
Seigneur ! Vous qui m'avez toujours maintenu dans une certaine pauvreté, ne permettez pas que votre serviteur sombre dans l'opulence.
Avec la bénédiction là-haut du Père, du Fils et du Saint-Esprit, dans l'ordre.

Heureusement, «*Dieu a forcément de l'humour*», dit l'amuseur, «*c'est lui qui nous a créés. Quant à moi, je peux me permettre de me moquer, son image résiste. L'humour ne dégrade que les sujets faibles*»[9].

DES VALEURS QUI RÉSISTENT

Terminons-en avec Devos sur cette idée forte. Ailleurs, il précise sa pensée :

J'en suis sûr, le rire, c'est une dégradation des valeurs. Vous dégradez des valeurs qui sont pesantes (...) Mais pour vous permettre de dégrader des valeurs, il faut qu'elles résistent, sans ça, vous les détruisez. Tout est là. Si vous vous mettez à taper sur des valeurs qui sont fragiles, vous les tuez. À ce moment-là, ce n'est plus drôle[10].

À coup sûr, Devos n'est pas un tueur, mais il oublie de dire que d'autres trouvent très drôle de tuer Dieu, depuis que Nietzsche a commencé, et si Dieu ne meurt pas des plaisanteries de Devos, c'est parce que Devos est un plaisantin qui sait s'arrêter. Il s'arrête au milieu du fil qui relie l'imaginaire au réel, et le croyable à l'incroyable. Ainsi sauve-t-il le *croire* en cette ère d'incroyance. D'autres vont jusqu'au bout, et c'est alors un autre rire, bien de ce temps, lui aussi.

PIERRE DESPROGES OU FAIRE NE PAS CROIRE

Autre stratégie de crise. Même mouvement de bascule dans l'absurde, mais ensuite, alors que Devos joue les équilibristes entre le croyable et l'incroyable, se maintient et maintient son public, le temps du spectacle, en état de grâce ou d'apesanteur, entre le réel et l'imaginaire, chez Desproges, c'est la chute libre dans le réel, et le jeu de massacre, l'état de disgrâce. On opposera donc l'humour du croyant incrédule, Devos, à la dérision cynique du mécréant, Desproges.

Le modèle en effet le plus proche de cette dérision est sans doute le cynisme philosophique, le rire de Diogène, dont J. Fontanille donne la définition en des termes très greimassiens :

> (...) Le cynique doit apprendre à ne rien attendre, à ne rien espérer, à n'accorder sa confiance à rien ni à personne. Le cynisme n'est donc pas seulement l'état de celui qui ne croit à rien, mais le faire de celui qui sape la fiducie, un faire ne pas croire, une dissuasion désespérée[11].

Plus de Bien, ni de Beau, ni de Vrai, le cynique bafoue les bienséances et la morale établie, il dénonce les valeurs d'une culture au nom de l'autonomie du sujet humain. Il démasque et met à nu les stéréotypes. Comme dit encore Fontanille,

> Le rire cynique convoque (...) l'autre face des choses, des conduites et des valeurs, il met en évidence la duplicité des conduites et, comme disent les philosophes, il est la mauvaise conscience de la civilisation. En tant qu'opération véridictoire, il consacre l'altérité du réel par rapport à la culture.

Bref, le cynique n'a pas les scrupules de Devos à dégrader tout ce à quoi vous croyez croire. On en veut un peu à cet affreux jojo qui fait tout pour vous déplaire. Devos, lui, ne pense qu'à faire plaisir et construit un consensus euphorique ; alors que c'est au paroxysme de la dysphorie qu'éclate le rire paradoxal de Desproges. On va constater que les deux démarches sont radicalement opposées dans un sketch qui met en scène la figure de Dieu[12].

DIEU MALADE

Le Dieu de Devos priait, celui de Desproges n'est plus sûr d'exister. Dans *Dieu n'est pas bien, (...) le matin du septième jour,* Dieu est mort de fatigue après avoir créé *« tout ce bordel de Dieu qui nous entoure et sans lequel nous n'aurions jamais pu connaître l'arthrite du genou ni la bombe à neutrons».* Remarquons que Kierkegaard découvrit chez l'humoriste Heine le même genre d'amalgame lorsque celui-ci lui raconta un jour *« sur un ton des plus plaisants les inconvénients de la rage des dents comparés à ceux de la mauvaise conscience et conclut que les premiers sont les pires »*[13]. Et Kierkegaard y décelait déjà un *« aspect de l'ironie (...) lié à une sorte de désespoir».* Dieu donc est crevé et va consulter *l'interne de garde à l'Hôtel Dieu.* Mais c'est dans la tête que Dieu est malade[14]. Le médecin lui demande ce qu'il ressent, et Dieu dit :

> C'est difficile à dire. J'ai l'impression d'être creux sans contours. Comme ballonné, mais sans la baudruche autour du rien. L'impression de ne pas être là et de ne pas être ailleurs non plus... Pour être clair, docteur, je crois que je n'existe pas. Dans ma situation, vous comprendrez que c'est extrêmement pénible.

DIEU AVOUE SON INEXISTENCE

Quelle déchéance !... métaphysique depuis que Pascal définissait l'infini comme un cercle dont le centre est partout et la circonférence nulle part ! On a dépassé le stade où on pouvait crever la baudruche. Chez Devos, *« Que Dieu existe, la question ne se pose pas»* (*L'Homme existe, je l'ai rencontré*). Alors que le motif du Dieu qui avoue son inexistence est devenu un lieu commun exploité par A. Allais, A. Jarry. Le premier récit de la Genèse instituait un calendrier, donc un ordre ; Dieu maintenant confond dimanche et lundi :

> — Comment allez-vous, s'enquit le docteur.
> Et Dieu dit :
> — Bof, comme un lundi !
> — C'est fâcheux, dit le docteur. On est dimanche.

C'est donc le retour au Tohu-Bohu primitif. La parole créatrice était efficace ; Dieu est réduit à dire : *« 33, 33, 33»* ou *«Aaaaaa»* ou *«é a o u ? é i a ?».* Et le médecin constate : *«Eh bien, c'est incroyable. Vous avez la gorge si sombre que je n'y vois rien.»* Version bouffonne de la Bouche d'ombre hugolienne ! A quoi Dieu répond avec un humour masochiste : *« C'est normal. Les voies de Dieu sont impénétrables. ».* Le comble, c'est que Dieu n'en finisse pas de convaincre de son inexistence le docteur *« qui était plus pieux qu'une cuisse de grenouille »* :

Quand je vous disais que je n'existe pas, c'est pas des conneries, dit Dieu ;
— C'est égal, on est bien peu de choses, constata le docteur.
— On n'est même rien du tout, oui, dit Dieu. Ni moi, ni vous puisque sans moi pour vous créer, vous l'avez dans le... néant.

DISSUASION DÉSESPÉRÉE

Voilà bien illustrée la stratégie de *dissuasion désespérée* dont parle Fontanille. Dernier épisode, le médecin essaie de se réfugier dans une religion de substitution, la psychanalyse. Il reproche à Dieu de n'avoir pas de moi profond : «*Sans son moi profond, on ne peut pas vivre, reprit le docteur*». Et le sketch s'achève sur la dérision absolue de quelques stéréotypes majeurs de notre *habitus* culturel, comme disent les sociologues : Dieu clôt le débat en demandant combien il doit :

— Je ne sais pas, moi, donnez-moi ce que vous voulez... donnez-nous aujourd'hui notre pain quotidien.
— Comme d'habitude ?
— Comme d'habitude.
— Et deux baguettes bien cuites pour le docteur Freud, dit Dieu.

Il s'agit donc bien encore d'une histoire de crise de foi, comme chez Devos, mais on ne trouve plus ici l'alibi de l'imaginaire et d'un rire en quelque sorte «poétique». Celui de Desproges, en disqualifiant le croyant, pulvérise toute croyance, la fait basculer dans l'incroyable. Mais l'incroyable vire du positif, l'imaginaire selon Devos, au négatif, la bêtise selon Desproges.

Devos rencontrait Dieu dans l'imaginaire, Desproges, après Jarry, lui adresse une lettre de rupture sacrilège[15]. Rupture d'amours homosexuelles pour corser un tabou qui n'en est plus un, le tabou religieux : Dieu est invité à aller draguer ailleurs. Cette lettre cruelle et douloureuse réunit tous les ridicules de la passion amoureuse, de la littérature mystique à la collection Harlequin, en passant par la pornographie. Et elle s'achève par une phrase lapidaire qui résume notre propos : «*Veuillez croire, moi pas. Pierre*».

CONCLUSION

Dans tout rire, il y a du jeu et de la transgression, plus ou moins de jeu et plus ou moins de transgression. Devos et Desproges se situent aux deux pôles. Dans l'actuelle crise du sens, l'un joue avec l'insignifiance, l'autre la pourchasse et la dénonce, transgressant les tabous. Quant à la question du *croire*, l'un détruit toute possibilité de croire, l'autre la suspend. Deux stratégies d'affrontement et d'esquive, qui correspondent sans doute à deux philosophies. Mais la situation est moins claire qu'il n'y paraît. Pourquoi Desproges affronte-t-il ? Cioran donne un élément de réponse : «*Lors même que nous croyons avoir délogé Dieu de notre âme, il y traîne encore, nous voyons bien qu'il s'y ennuie mais nous n'avons plus assez de foi pour le divertir*». Quant à Devos, l'ambiguïté règne ; un autre aphorisme du même Cioran lui conviendrait assez bien : «*Avec force précautions, je rôde autour des profondeurs, leur soutire quelques vertiges et me débine comme un escroc du gouffre*». En tout cas, on a affaire à deux tempéraments. L'un est plus cruel et dérangeant, fait au moins semblant de casser le jeu, quitte à prendre son public à rebrousse-poil ; l'autre, plus rond, brouille le jeu mais ne voudrait désobliger personne et tente de préserver le possible (comme dans *Jésus revient*). Sganarelle : «*Est-il possible que vous ne croyiez point du tout au Ciel ?*», en face de Don Juan : «*Laissons cela*». Deux complexions, enfin, deux traditions : Desproges, individu singulier, clown tristement pince-sans-rire, s'inscrit dans la tradition moderne de l'humour noir, frôlant l'abîme du tragique, risquant un rire qui ne serait plus drôle. L'autre, clown gai et convivial, retrouve la tradition du cirque, cherche avec son public une connivence dans la fantaisie, presque la féerie. Finalement, dans le concert des «*contes de fripons*», la crise de la croyance arrange ces deux professionnels du rire. Après eux, le Déluge.

NOTES

[1] V. Jankelevitch, *L'ironie*, Flammarion, 1964, p. 11.
[2] Majhrouh, *Rire avec Dieu, aphorismes et contes soufis*, texte français de S. Sautreau, «Spiritualités vivantes», Albin Michel, 1995.
[3] A.J. Greimas, «Le contrat de véridiction» et «Le savoir et le croire», *Du Sens II*, Seuil, 1983, p. 103-133.
[4] Greimas, *ibid.*, p. 103.
[5] Greimas, *ibid.*, p. 112.
[6] Raymond Devos, *Matière à rire. L'Intégrale*, Plon, 1994. Nous indiquons désormais le numéro de la page après le titre du sketch.
[7] A.-M. Gustave, «Devos et dévôt», *Télérama*, 21 décembre 1994, n° 2345.
[8] On comparera, pour son caractère ludique, ce dialogue avec celui que Villiers de L'Isle-Adam ménage entre Dieu et Tribulat Bonhomet :
«Soudain, croyant percevoir se tramer, sur des nuées, la silhouette d'un vieillard du plus convenable aspect :
Est-ce à Dieu... lui-même... — ou seulement — à Boieldieu... que j'ai l'honneur de parler..., modula-t-il en abordant l'apparition, tout en lissant des doigts de gants imaginaires.
— Non, Monsieur, lui répondit avec une extrême courtoisie, l'habitant de l'azur — c'est à Tardieu.
— Mieux vaut tard que jamais, mon cher collègue!»
Villiers, *T.B.*, La Pléiade, t. 2, p. 225.
[9] *Télérama, ibid.*
[10] *Le Monde*, 31 oct. 1991.
[11] J. Fontanille, *Le cynisme. Du sensible au risible*, in *L'humour européen*, Lublin-Sèvres, 1993, p. 57-76.
[12] P. Desproges, *Chroniques de la haine ordinaire*, coll. Point-Virgule, Seuil, 1987, p. 19-21.
[13] Kierkegaard, *Le concept d'ironie*, O.C., t. 2, éd. de L'Orante, 1975, p. 223-224.
[14] On comparera au Dieu ivre mort de Lautréamont.
[15] P. Desproges, *Chroniques de la haine ordinaire*, p. 169.

L'engendrement du rire dans la comédie sophistiquée hollywoodienne : l'exemple de *Ninotchka* [Ernst Lubitsch, 1939)

Laurent Sterckx
Université Libre de Bruxelles

La comédie sophistiquée hollywoodienne est un genre particulièrement mal aisé à définir. Le critère définitoire le plus souvent évoqué à son égard est le déclenchement du rire, mais le rire n'a pas une source unique, et la comédie sophistiquée hollywoodienne n'est pas le véhicule de n'importe quel rire.

Selon Steve Neale et Frank Krutnik, le rire filmique est suscité de quatre manières qu'il échet de distinguer : le gag, la blague, la repartie et l'événement comique[1], et dont j'étudierai le mode de fonctionnement dans un film caractéristique du genre : *Ninotchka* (Ernst Lubitsch, 1939) qui nous servira ainsi à la fois d'illustration et d'étalon.

Le gag, qui est la première catégorie visée, ressort du champ de l'action physique. Il est une action comique non linguistique. Tantôt, il se limite à un simple effet tiré d'une simple cause, et le déclenchement du rire est fondé sur la surprise (l'effet de surprise, précisément); tantôt il correspond à une séquence plus complexe, davantage construite, et c'est du suspense que jaillit le rire.

Hitchcock précise dans ses entretiens avec François Truffaut[2] que le suspense ne relève pas spécifiquement de la peur ou de la dilatation du temps, mais du degré d'information du spectateur[3].

Le jet de tarte à la crème ou la glissade sur peau de banane, figures obligées du Slapstick primitif, sont des gags simples, à enchaînement cause-effet immédiat. Ils offrent au public quelques secondes de surprise au moment de l'irruption du gag dans le continuum narratif. C'est leur soudaineté même qui suscite le rire, un rire issu de la stupeur.

Mais ce gag primitif est susceptible de se complexifier, de se sophistiquer. C'est Jacques Tati, je crois, qui décrivait ainsi l'élaboration d'un gag au tour sophistiqué : supposons qu'un passant glisse sur une peau de banane. Il se peut que quelques spectateurs dans la salle rient. Ils rient, on l'a dit, de leur propre surprise. Mais imaginons maintenant que ce premier passant quitte le champ et que la caméra s'attarde un instant sur cette peau de banane. La bande son donne alors à entendre un bruit de talons dans le lointain. Le spectateur, à présent mieux informé que les personnages de la diégèse, attend la chute. Il pouffe déjà. C'est un rire créé par le suspense. Comme le scénariste est plus futé qu'il n'y paraît, le second passant ne tombe pas. Et le public rit à nouveau de ce gag qui combine le suspense (l'attente jubilatoire du spectateur) et la surprise comiques. Mais qu'adviendrait-il maintenant si la peau de banane avait été déposée par un mauvais plaisant (il riait lui aussi à gorge déployée lors de la chute du premier passant)? Celui-ci, décontenancé, pourrait être tenté de tester les propriétés de la peau de banane, ses attributs. Une peau de banane qui ne glisse pas serait-elle encore une peau de banane? Et voilà la farceur pris à son propre piège, étalé au sol (surprise ou suspense? cela dépendra, cette fois, de la sagacité du spectateur). Mais l'histoire ne s'arrête pas encore là : au moment précis où le farceur glisse, le passant qui avait échappé à son piège se retourne et éclate de rire. Partant, il ne voit pas le réverbère sur lequel il ira s'écraser tête la première. Reste à savoir si le metteur en scène aura ou non dévoilé, par un bref panoramique, ce réverbère au spectateur. Ou, autrement dit, s'il aura choisi le suspense ou la surprise comiques.

Quoi qu'il en soit, le gag constitue toujours une interruption dans la diégèse. Il sacrifie au rire, mais nuit ainsi au strict enchaînement causal des scènes mû par les mobiles des personnages qui caractérise la narration classique hollywoodienne[4]. Le gag est ainsi par essence transgressif.

La blague, quant à elle, est la variante verbale du gag. C'est un récit prétendûment drôle qu'un protagoniste raconte à un ou plusieurs autres. Au même titre que le gag, la blague échappe à la stricte consécution des scènes fondée sur la psychologie des personnages. L'un et l'autre sont des échappées belles dans la narration. Ils fonctionnent en autarcie et sont susceptibles d'être prélevés du film sans ôter un élément essentiel du narré. La trame restera lisible.

La blague est un procédé d'exception du scénario cinématographique. Je ne connais, pour ma part, qu'un film qui en use systématiquement : *Un soir de joie* (Gaston Schoukens, 1954).

J'observe encore que, dans le cas d'espèce, les blagues du film sont liées entre elles par une diégèse-prétexte (un peu comme les différents numéros d'un musical) et relèvent d'une thématique constante qui s'y rapporte. Le film se déroule en effet dans le milieu résistant belge pendant la guerre 40-45 et les blagues s'efforcent toutes de tourner en dérision l'occupant allemand.

Quant au film de Chantal Ackerman, *Histoires d'Amérique* (1988), il alterne blagues d'humour juif et confidences cruelles en telle sorte qu'il ne trouve pas son esthétique propre dans l'accumulation de blagues, mais dans la succession contrapuntique de récits, drôles ou non.

Il arrivera encore qu'au détour d'un film, la blague prenne valeur *explicative* : c'est le cas de la scène incipiente de *Annie Hall* (Allen, 1977), où Woody Allen explique qu'il ne voudrait pas adhérer à un club qui veuille de lui, mais énonce en fait symboliquement son rapport aux femmes; ou *exemplative* : et c'est le cas de la blague-leimotiv de *La Haine* (M. Kassovitz, 1995), soit l'histoire d'un homme qui tombe de cinquante étages, et se répète à chaque étage que, *jusque là, tout va bien*, blague par laquelle Kassovitz vise notre société en décomposition.

La repartie, quant à elle, procède également d'un comique purement verbal, mais il est beaucoup plus contextuel que celui de la blague. La repartie est la réplique d'un personnage mis en situation, et qui provoque le rire.

Cette repartie, au-delà du fait qu'elle provoque le rire, est un des traits définitoires du personnage. Si ce dernier suscite le rire par la maîtrise du caractère amusant des propos qu'il énonce, il se définit le plus souvent comme un personnage élégant et désinvolte, habile à manier ce que

Freud désigne comme *le mot d'esprit*[5]. Mais si sa repartie procède d'un comique involontaire, et que le personnage n'est drôle que contre son gré, il s'analysera alors comme un personnage stupide ou encore naïf.

Tout comme la repartie est une forme contextualisée de la blague, l'événement comique est une forme contextualisée du gag. C'est à propos de cette catégorie de comique filmique que Neale et Krutnik déjà cités donnent leur exemple le plus pertinent. Il s'agit d'une scène de *Monkey Business* (Hawks, 1952) où une dame (Ginger Rogers) découvre un nourisson sur son lit et s'écrie : «Barnaby». Le spectateur rit beaucoup lors de cette scène, je l'ai expérimenté à plusieurs reprises lors de multiples projections du film. Or, ceux parmi vous qui n'ont pas eu l'occasion de le voir ne trouvent pas ce que j'ai raconté très drôle. C'est qu'ils ignorent l'ensemble de la diégèse, le contexte. Si l'on sait par contre que la dame en question est mariée à un savant nommé *Barnaby* (Cary Grant) qui expérimente sur lui-même le filtre de jeunesse qu'il cherche à mettre au point, et si l'on sait de surcroît que la dame pense que son mari vient d'absorber des quantités massives de son breuvage, et qu'enfin par une succession de quiproquos typiques des comédies, pendant le sommeil de la dame, un vrai bébé a été substitué à son mari, la scène prend tout son sel.

Si j'ai dit que l'exemple était particulièrement pertinent, c'est qu'il est à la frontière du comique de repartie ou du gag. Pourtant, il n'en relève pas.

Le gag, en effet, fonctionne en autarcie : nul besoin de rapprocher la scène à gag du reste du film. Elle fait rire comme telle, isolée. Et la repartie n'est drôle que dans son rapport aux traits définitoires du protagoniste qui l'énonce : c'est en réalité ce dernier qui est drôle, par humour ou par ridicule. L'effet comique provient de sa personnalité. Dans le cas d'espèce, la réplique «Barnaby», verbale bien entendu, tire son effet comique de la situation et non de son essence (comme le gag) ou de son énonciateur (comme la repartie).

Le film de Ernst Lubitsch, *Ninotchka*, qui est un archétype du genre, permet d'étudier ces différentes sources du rire filmique à l'œuvre. J'en donne le résumé suivant, dont je ne cache pas que, comme tout résumé, il soit orienté en fonction de mon propos.

Trois envoyés en provenance de Moscou (Iranoff, Buljanoff et Kopalski) arrivent à Paris pour négocier des bijoux au profit du trésor soviétique en difficulté. Il s'agit là de bijoux que la révolution russe a soustraits aux aristocrates en exil.

La grande duchesse Swana, la propriétaire initiale des bijoux, apprend grâce à un de ses amis que les bijoux sont à Paris et envoie son amant, le comte d'Algout, pour tenter de les récupérer. Un procès est engagé. Les trois envoyés cèdent aux plaisirs de la vie facile des Occidentaux. Comme la situation se complique, Moscou délègue à Paris un envoyé extraordinaire austère et incorruptible : il s'agit de Ninotchka. Celle-ci va rencontrer le sensuel et frivole comte d'Algout.

Ils sont bien obligés de constater directement entre eux une attraction sentimentale à laquelle Ninotchka résistera en raison de son devoir. Elle est là pour défendre les intérêts de l'Etat russe et non ses propres sentiments. De surcroît, la grande-duchesse Swana, la maîtresse du comte d'Algout, s'opposera à Ninotchka en tentant de conserver son amant.

Cependant, au fur et à mesure que le procès relatif aux bijoux s'éternise, Ninotchka finit par être conquise par Léon d'Algout.

La grande-duchesse proposera alors un marché à Ninotchka : elle lui laisse les bijoux et renonce à sa procédure qui pourrait durer des années, pour autant que Ninotchka quitte immédiatement le pays en lui abandonnant Léon. Entre le devoir et l'amour, Ninotchka choisit le devoir et quitte Paris. Léon tente de la rejoindre en Russie mais n'y arrive pas.

La vie de Ninotchka et des trois envoyés de retour en Russie est sinistre. Ils ne pensent tous quatre qu'aux fastes de Paris.

Un jour, Ninotchka est appelée dans le bureau du Commissaire du Peuple qui lui apprend que les trois envoyés sont cette fois en mission à Constantinople et qu'ils semblent de nouveau se heurter à de sérieuses difficultés. Ninotchka est chargée d'aller les surveiller. Elle s'y rend, mais pour découvrir qu'il ne s'agissait que d'une manœuvre de Léon d'Algout. Puisque celui-ci n'arrivait pas à la rejoindre à Moscou et qu'elle n'avait pu rester à Paris, il a décidé de l'attirer avec la complicité des trois envoyés à Constantinople.

Cette fois-ci, entre devoir et sentiment, Ninotchka choisira ce dernier.

Le début du film devrait être particulièrement intéressant pour étudier la repartie si on se réfère à la définition de celle-ci selon laquelle son comique serait étroitement lié à son énonciateur. En effet, les scènes incipientes des films hollywoodiens sont, à l'âge classique tout au moins, des scènes dites d'exposition qui révèlent les enjeux majeurs du film et les caractéristiques de ses sujets-héros.

De fait, la toute première scène présente aux spectateurs les trois envoyés, Iranoff, Buljanoff et Kopalski, et il en résulte le dialogue suivant :

> Kopalski : They tell me when you ring once, the valet comes in. When you ring twice, you get a waiter. And do you know what happens when you ring three times ? A maid comes in - a French maid.
> Iranoff (un éclair de malice dans les yeux) : Comrades, if we ring nine time !

On le voit, si la réplique fait rire, c'est dans la mesure où elle est révélatrice des sentiments éprouvés par les envoyés. Ceux-ci sont facétieux et malicieux bien entendu, mais surtout leurs propos révèlent leur soif de volupté. Le spectateur apprend ainsi d'emblée que, quoique représentants de la Russie communiste à Paris, ils sont tout prêts à céder aux attraits sensuels du capitalisme.

Mais ce type de repartie n'est bien entendu possible « et ne fait rire » que dans la bouche de ceux-ci. C'est la conjugaison étroite de l'énoncé et de l'énonciateur qui déclenche le rire. On imaginera pour Ninotchka ou Léon d'Algout un tout autre type de repartie, qui leur sera adapté.

Intervient ainsi la scène suivante entre Ninotchka et les trois envoyés :

> Ninotchka : Have you any money ?
> Les envoyés (espérants) : Well-well.
> Ninotchka : Here are fifty franks.
> Les envoyés (ravis) : Thank you -oh, thank you.
> Ninotchka : Bring me back forty-five (désappointement des envoyés).

Ce qui prête à rire, c'est bien entendu la déception des trois envoyés, mais aussi l'adéquation entre la repartie de Ninotchka et son caractère : il ne convient pas de dépenser l'argent du peuple pour satisfaire ses désirs. C'est ainsi l'image austère de Ninotchka qui est confortée en provoquant le rire.

C'est à Léon d'Algout, enfin, que seront réservées les reparties les plus conventionnelles de ce genre de comique, celles qui relèvent de l'humour élégant prêté au personnage. Ainsi, lorsqu'il invite Ninotchka à boire du champagne pour la première fois dans un grand établissement parisien :

> Ninotchka : It's funny to look back. I was brought up on goat's milk.
> I had a ration of vodka in the army. And now champagne.
> Léon : From goats to grapes. That's drinking in the right direction.

C'est là une réplique dont le sens comique est parfaitement contrôlé par le personnage, mais qui n'en contribue pas moins à le définir. Il plaisante, il badine car c'est sa nature de séducteur. Le fonctionnement idéal du comique de repartie implique la confrontation de deux personnages dont les « qualités » (au sens musilien) sont opposées, comme c'est le cas en l'espèce lorsque Ninotchka et d'Algout se rencontrent pour la première fois, sur un refuge qui fait jonction entre deux bandes de circulation :

> Ninotchka : You, please
> Leon : Hm ? Me ?
> Ninotchka : Could you give me some information ?
> Leon : Oh, gladly
> Ninotchka : How long must we wait here !
> Leon : Well, a-until the policeman blows his whistle again.
> Ninotchka : At what intervals does he whistle ?
> Leon : What ?
> Ninotchka : How many minutes between the first ans second whistle ?
> Leon : Well, you know, that's very funny. I never thought of that before.
> Ninotchka : You've never been caught in a similar situation ?
> Leon : Yes, I have. Now that I come to think about it, it'sstaggering. Good heavens ! If I add it all up, I must havespent years waiting for signals. Imagine an important part of my life wasted between whistles.

Nous voyons donc directement que Ninotchka analyse une situation donnée, soit la traversée d'une rue en termes quantitatifs et statistiques : *combien de temps s'écoule entre deux coups de sifflets ? Quel est dès lors le rythme de la traversée de la rue ?*, et ainsi de suite... Léon, lui, ne voit là que temps perdus accumulés, autrement dit les plaisirs dont il a été privé en traversant la rue. Le dialogue révèle donc l'essence des personnages et l'antagonisme de leur fonctionnement tout en faisant rire. Le phénomène se reproduit lorsqu'il parle de la Tour Eiffel :

> Ninotchka : I'm interested in the Eiffel Tower from a technical standpoint.
> Leon : Technical ? No, no, I'm afraid ! Could'nt be of much help from that angle. You see, a Parisian only goes to the Tower in moments of despair to jump off.
> Ninotchka : How long does it take a man to land ?

La vision qu'ils ont l'un et l'autre de la Tour Eiffel sert d'allégorie à leurs différences. Ninotchka s'y intéresse d'un point de vue technique tandis que Léon d'Algout rattache celle-ci à des phénomènes sentimentaux (de désespoir) que Ninotchka ramène aussitôt à un angle *technique* (quel est le temps que met un homme pour tomber). Le phénomène se poursuit dans la scène suivante. Ninotchka s'adresse à un employé de la Tour Eiffel en ces termes :

> Ninotchka : Can you tell me the exact width of the foundation on which these piers are resting, and the depth ?
> Attendant : You don't have to worry - the thing is safe.
> Ninotchka : I am not afraid. I just want to.
> Leon (intervention ironique au second degré) : The foundation is one hundred and forty-one yards square.

Même l'employé de la Tour Eiffel ne comprend le sens de la question de Ninotchka que d'une manière affective : si elle s'informe, c'est qu'elle craint de monter. Ce qui n'est pas le cas. Quant à Léon, il fournit maintenant à Ninotchka les éléments techniques qu'elle souhaite, mais les retire d'un guide. Le recours même au guide, et la façon ironique dont Léon d'Algout le lit, indique son indifférence à l'égard de ce type de description. Il en va de même de la vision de Paris du haut de la Tour Eiffel. Le comte d'Algout y voit toutes les beautés de la France : l'Arc de Triomphe, l'Opéra, Montmartre, etc., là où Ninotchka ne voit que gaspillage d'électricité. Le déclenchement du rire est donc issu de reparties qui révèlent deux personnalités distinctes et opposées.

Si la repartie, première forme de comique verbal, trouve donc dans *Ninotchka* un écho plus que satisfaisant, il n'en va pas de même de la blague ou du gag, formes autarciques du rire filmique. Dans une scène à juste titre célèbre du film, et qui en est la métonymie, Léon d'Algout suit Ninotchka dans un restaurant parisien bondé d'ouvriers et de gens du peuple. Il s'assied à la table voisine de celle de Ninotchka et tente, comme il l'a fait tout au long du premier acte du film, de dérider celle-ci, de briser l'armure. Cet enjeu majeur du film dans le scénario était d'ailleurs également son enjeu majeur dans la réalité : il s'agissait de modifier l'image de Greta Garbo, star alors déclinante, en l'orientant du mélodrame vers la comédie. Le slogan publicitaire du film — « GARBO RIT » — était à cet égard révélateur. Il s'agit donc ici d'une comédie qui prend le rire, et donc elle-même, comme objet à l'instar de *Sullivan's travels* (Preston Sturges, 1942).

Pour déclencher le rire de Ninotchka, Léon commence par lui raconter ce qu'il pense être des histoires drôles, des blagues. Dès qu'il entame la première de ses histoires qui concerne deux Français qui partent aux Etats-Unis, Ninotchka l'interrompt pour lui demander une précision quant au bateau qu'ils ont pris[6]. Léon, décontenancé, renonce à finir la plaisanterie. La seconde, qui concerne cette fois deux Écossais, connaît le même sort. Léon arrive ensuite enfin à mener une histoire à terme dont il ressort que les « habitants de la lune doivent être drôlement serrés par temps de demi-lune », mais Ninotchka ne rit pas. C'est donc sur un ton plus agressif et peu approprié que Léon d'Algout entame son ultime histoire drôle, celle bien connue du serveur qui ne dispose plus de café sans lait, mais seulement de café sans crème. Cette fois, à la surprise tant du spectateur que de d'Algout, on entend rire. Ce n'est toutefois pas le fait de Ninotchka, mais celui des ouvriers attablés dans l'établissement. Encouragé, Léon d'Algout recommence son histoire à l'intention de Ninotchka sur un ton d'ordre didactique, mais il s'embrouille et renonce.

C'est alors, quand le spectateur est définitivement persuadé que Ninotchka ne rira pas, que d'Algout glisse de sa chaise, provoquant tant le rire de l'assemblée que de Ninotchka, qui assume enfin son propre plaisir[7].

On le voit, la scène condamne impitoyablement la blague, qui, comme telle, échoue à provoquer le rire. Cette condamnation est dupliquée lors d'une scène ultérieure dans un autre restaurant, plus mondain[8] où ce sera à nouveau en vain, même si c'est cette fois à la demande de Ninotchka, que Léon tentera de la dérider par « la blague des Écossais », qui restera également inachevée et inopérante en tant que déclencheur du rire.

La scène peut par contre ressembler à un éloge du gag, dans la mesure où c'est la chute de d'Algout qui induit finalement le rire de Ninotchka. Ce serait à mon avis une mauvaise lecture, car le spectateur ne rit pas de l'aspect burlesque de la chute, mais bien du rire de Ninotchka, ce rire qu'il souhaitait inconsciemment depuis le début, et qui lui advient par le détour le plus inattendu. Ce rire du spectateur, issu du rire de Ninotchka, ce rire en abyme, dirions-nous, est fortement ancré dans le contexte du récit et la psychologie du personnage. C'est un rire contextuel qui relève de la catégorie de comique la plus spécifique de la comédie sophistiquée : l'événement comique.

Il se peut d'ailleurs qu'au sein d'un même texte filmique, une combinaison d'éléments reproduite plusieurs fois, mais quelque peu décalée lors de chaque instance, évolue d'une catégorie du comique à l'autre. J'ai déjà évoqué la repartie d'Iranoff : «*Comrades, if we ring nine times...!*» (sous-entendu : *trois accortes soubrettes se prêteront à nos fantasmes*). Cette scène comporte deux variantes dans le film.

L'une est la suivante : une soubrette entre dans l'appartement occupé par les trois envoyés. Elle ferme la porte derrière elle et le spectateur est abandonné dans le couloir[9]. Elle ressort très affairée, semble presque inquiète, et le spectateur est assez décontenancé par le plan. C'est ainsi presque avec un rire de soulagement qu'il accueillera le retour de cette dernière... accompagnée de deux de ses consœurs.

Si la scène évoque bien entendu la repartie d'Iranoff, elle n'en fonctionne pas moins sur elle-même, convoquant le rire du spectateur en jouant de sa surprise. C'est bien d'un gag qu'il s'agit, même s'il est passablement élaboré.

Mais le scénario reprendra le motif une fois de plus : lorsque Ninotchka prend possession de la suite royale louée aux envoyés à Paris, elle s'adresse à Iranoff pour obtenir des cigarettes. Celui-ci, voulant lui démontrer les bienfaits du capitalisme, lui explique qu'«il suffit de téléphoner pour obtenir ce qu'on veut», et il appelle la réception. Mais à la grande stupéfaction de Ninotchka, et des envoyés eux-mêmes, ce sont les trois jolies soubrettes qui arrivent, porteuses d'un plateau entier de cigarettes, enjouées, et toutes disposées à quelque fredaine. Ninotchka regarde alors les trois envoyés contrits avec sévérité et prononce ces mots : «*Comrades, you must have been smoking a lot*».

Mais cette fois, le rire, ou à tout le moins son intensité, dépendra du degré d'information du spectateur quant à ce qui a précédé. La scène et la repartie qui la conclut sont donc étroitement intriquées au reste de la diégèse. L'allusion aux soubrettes qui était une simple repartie d'Iranoff au début du récit est ainsi d'abord devenue, par son incarnation dans le réel filmique, un gag, avant qu'une variante supplémentaire en fasse un événement comique.

Il est permis, de ce qui précède, de tirer une première conclusion : la comédie sophistiquée hollywoodienne rejette d'emblée la blague et n'est concernée que marginalement par le gag[10]. Ainsi, dans la mesure où le rire la définit en effet partiellement, c'est d'un rire contextualisé — celui qui relève de la structure narrative et des attributs des personnages — qu'il s'agit. Peu importe par ailleurs que ce rire soit agi (événement comique) ou parlé (repartie).

Mais cette conclusion ne me satisfait pas encore, elle est insuffisante. En effet, le rire, même diégétisé, n'est pas un critère totalement pertinent pour définir la comédie.

Certains films, qui n'engendrent pas le rire ou à peine, sont malgré tout perçus par le public comme des comédies. Que l'on pense par exemple à *Meet John Doe* (1941) ou également *It's a wonderful life* (1946), tous deux de Frank Capra. Ce sont surtout des films où l'on pleure, extrêmement proches du mélodrame. Frank Capra a même sérieusement envisagé, et cela est attesté par plusieurs versions du scénario, que le personnage central de *Meet John Doe* se suicide à la fin. Quant au héros de *It's a wonderful life*, il ne réchappe lui aussi au suicide au terme d'une vie qui lui semble ratée que par l'intervention, très *deus ex machina*, d'un ange salvateur. Que penser alors de la perception de ces films, et de leur classification — notamment pour *It's a wonderful life* — parmi les meilleures comédies de Hollywood?

C'est ici que s'impose le détour par la théorie de Bergson, qui se veut précisément le théoricien des mécanismes du rire. Lorsque ce dernier énonce que «tout caractère est comique à la condition d'entendre par caractère ce qu'il a de tout fait »[11] et que chacun des personnages d'une comédie

> [...] représentent une certaine force appliquée dans une certaine direction, et c'est parce que ces forces, de direction constante, se compensent nécessairement entre elles de la même manière que la même situation se reproduit. La comédie de situation, ainsi entendue, confine donc à la comédie de caractère. Elle mérite d'être appelée classique, s'il est vrai que l'art classique soit celui qui ne prétend pas tirer de l'effet plus qu'il n'en a mis dans la cause[12].

C'est bien du comique de repartie, strictement lié au caractère de son énonciateur « dans ce qu'il a de tout fait », et du comique événementiel lié à la consécution causale des scènes de la diégèse qu'il traite.

On croirait même lire là une analyse assez fine du film de Lubitsch : Léon d'Algout, animé par nul autre désir que de posséder Ninotchka, lui débite invariablement un même discours, romantique et sensuel à la fois, et se heurte sans cesse au discours opposé de Ninotchka, rivé à l'idéologie stalinienne (Bergson parle d'« un sentiment comprimé qui se détend comme un ressort, et une idée qui s'amuse à comprimer de nouveau le sentiment »[13]). Ces deux caractères tout faits, par l'univocité de leurs désirs qui constituent leur être même, s'efforcent sans cesse dans les mêmes directions, contraires l'une à l'autre. Cette reproduction constante de leur affrontement suscite l'enchaînement causal des scènes, et le rire, lui-même provoqué par la reproduction mécanique de cet affrontement. Pour un peu, le spectateur pourrait devancer les répliques de Ninotchka ou de Léon d'Algout, tant elles obéissent à une logique invariable. Vue ainsi, la comédie hollywoodienne se définit bien par le déclenchement du rire, lui-même provoqué par la répétition perceptible de situations mécaniques fondées sur la rencontre de personnages univoquement mus. Ecoutons Bergson encore :

> Nous disions que la répétition est le procédé favori de la comédie classique. Elle consiste à disposer les événements de manière qu'une scène se reproduise (...) entre les mêmes personnages dans de nouvelles circonstances[14].

Mais, heureusement pour nous, Bergson va plus loin. Il précise qu'

> [...] est comique le personnage qui suit automatiquement son chemin sans se soucier de perdre contact avec les autres. Le rire est là pour corriger sa distraction et le tirer de son rêve[15].

Et ailleurs

> [...] on y verrait le rire accomplir régulièrement une de ses fonctions principales, qui est de rappeler à la pleine conscience d'eux-mêmes les amours-propres distraits et d'obtenir ainsi la plus grande sociabilité possible des caractères.

On le voit, Bergson assigne une véritable fonction sociale au rire. L'homme aurait, selon lui, besoin de grandes facultés d'adaptation pour vivre et évoluer en société. Or, l'être humain est naturellement enclin à se laisser aller à certains automatismes. Le rire est là pour le châtier et l'humilier, et, par là même, le ramener dans le droit chemin. Le rire aurait ainsi, dans la théorie de Bergson, exactement la même valeur éducative qu'une gifle. Cette part encore de sa théorie peut s'appliquer à un film comme *Ninotchka*. On perçoit bien, en regardant le film, à quel point Lubitsch et ses scénaristes réprouvent la raideur dogmatique de Ninotchka. C'est bien de la langue de bois qu'elle pratique, de l'endoctrinement figé de son esprit dont on se gausse. Il n'est pas, à cet égard, indifférent de savoir, et cela dépasse l'anecdote, que Lubitsch a entrepris le film précisément pour railler l'idéologie communiste austère d'une de ses amies et, somme toute, la ramener à la raison[16].

Sous son apparence badine, le film est ainsi une véritable petite machine de guerre anti-communiste ou, comme l'on disait alors, « anti-rouge »[17]. Il vise ainsi à conforter son public acquis — occidental — dans son propre système de valeurs.

Ceci nous permet de revenir incidemment à la question posée à propos des films de Capra. Pourquoi, en dépit du faible taux de rires, sont-ils considérés comme des comédies ?

It's a Wonderful Life, notamment, déploie une narration impitoyable : Georges Bailey, son héros, au nom des valeurs de travail, famille et patrie, se sacrifie sans cesse lui-même, à tel point que sa vie finit par lui sembler un échec. Un ange exauce alors son vœu de n'être jamais né et Georges Bailey découvre ce qu'aurait été le sort tragique de sa famille, de ses amis et de sa ville sans son intervention. Celui-ci, dont les frustrations correspondent précisément à celles du spectateur américain moyen, demande alors à pouvoir poursuivre sa vie, sûr qu'il est désormais du bien-fondé de son mode de vie et des valeurs sur lesquelles il s'appuie. Il en va de même, par voie empathique, du spectateur et l'on ne s'étonne plus guère que le film soit programmé systématiquement à chaque « Christmas day », fête qui symbolise la consécration des valeurs institutionnelles, tout particulièrement à l'ère de Roosevelt, qui est celle de la production du film.

En conclusion, la comédie sophistiquée hollywoodienne ne se définit pas tant par le rire que par la jubilation suscitée chez le spectateur par la validation de son mode de vie et des valeurs qui le fondent. Ce que Lacan appellera plus tard, dans un exposé précisément consacré à l'armure idéologique que constitue l'identité, l'« assomption jubilatoire »[18].

NOTES

[1] Naele, S. et Krutnik, F., *Popular film and television comedy*, London, Routledge, 1990, p. 43 et suiv.

[2] Hitchcock/Truffaut, Edition définitive, Paris, Ramsay, 1983, p. 58.

[3] *Cf.* les concepts de focalisation chez Genette, not. dans *Figures III*, Paris, Seuil, 1972 et d'*ocularisation* et d'*auricularisation* chez Jost, F. et Gaudreault, A., *Le récit cinématographique*, Paris, Nathan Université, 1990, p. 129 et suiv.

[4] Bordwell, D., Staiger, J. et Thompson, K., *The classical Hollywood Cinéma. Mode of production to 1960*, New York, Columbia Universsity Press, 1985. Bordwell, D., *Narration in the fiction film*, Madison, University of Wisconsin Press, 1985, p. 156 et suiv.

[5] Freud, S., *Le mot d'esprit et sa relation à l'inconscient*, Paris, Gallimard, 1988 (1re édition 1905, Deuticke).

[6] Ce qui incidemment constitue une repartie, drôle en ce qu'elle est conforme au personnage de Ninotchka.

[7] Il est assez naturel de lire la scène comme une manière de dépucelage de l'héroïne du film, jusque-là vierge effarouchée.

[8] Les restaurants et les repas sont un des autres grands thèmes du film.

[9] Plan typique de la rhétorique lubitschienne dont on sait que Mary Pickford le désignait comme un «metteur en scène de portes», c'est-à-dire, au fond, un metteur en scène du hors-champ.

[10] Au contraire du Slapstick.

[11] Bergson, H., *Le rire. Essai sur la signification du comique*, Paris, PUF, 1964 (203e édition), p. 113.

[12] *Idem*, p. 56.

[13] *Idem*, p. 71.

[14] *Idem*, p. 93.

[15] *Idem*, p. 102-103.

[16] D'après Prinzler, H.H., «Eléments pour une biographie», [in] Ernst Lubitsch, *Cahiers du cinéma*, Paris, 1985, p. 48.

[17] Même si le film, à la fin, renvoie toutes les idéologies dos à dos.

[18] Lacan, J., «Le stade du miroir en tant que formateur de la fonction du je», [in] *Ecrits*, Paris, Seuil, 1966.

Approche symbolique du comique filmique : *Les Temps modernes*

Daniel Weyl

POSITION THÉORIQUE ET STATUT DU FILM

Théorie et épistémologie

Le comique pourrait se dire *fonction de régulation de l'équilibre du moi*[1] *en butte aux régressions présociales*. Car il agit en défense contre la séduction de l'infantilisme interdit : maladresse motrice, indécence, logique précognitive, etc. On rit pour s'en désolidariser, en inversant le signe de l'affect négatif du tabou, de la dégaine infantile de Charlot (mutisme affirmé dans le refus du parlant[2], vêture flottante ou étriquée, souliers comme intervertis, épingle à nourrice, gros popotin garni, démarche incoordonnée, etc.) et de son comportement prémoral.

Mais comique n'est pas art. Comment donc un film comme *Les Temps modernes*, issu de la tradition du Burlesque américain, peut-il offrir cette émouvante profondeur qui ne se dément pas dans le siècle et le range parmi les œuvres esthétiques de premier plan ? Je prétends que la réponse est dans l'ordonnancement *symbolique* du film, portant à l'extrême la violence des ressorts tabous du comique ordinaire. Car Chaplin y donne droit et forme[3], avec des moyens émotionnels (*vs* rationnels), à la singularité d'une vision excédant le possible *sémiotique*[4].

C'est dire que cette approche repose sur un postulat, la bifonctionnalité — sémiotique et symbolique — du langage, autorisant le développement simultané de la matière langagière selon les deux logiques, pour autant que l'artiste soit capable de régler sa narration (mode sémiotique) sur une liberté émotionnelle (mode symbolique). Un plan de cette sorte de film devrait donc pouvoir s'analyser à la fois comme unité sémiotique ordonnée à l'ensemble discursif sur la base de catégories rationnelles (espace-temps, causalité, identité du même, etc.), et lieu de configurations symboliques inscrites dans un système imaginaire latent, consubstantielles mais incommensurables au signe filmique, parce que se réclamant, elles, de catégories quasiment contraires (concomitance *vs* espace-temps, association par contiguïté ou analogie *vs* causalité, altérité du même *vs* identité, etc.).

On songe au rêve avec raison; mais prudence! Le rêve régule l'équilibre psychique du rêveur, il ne bouscule pas, comme l'art, les schèmes culturels pour faire rejaillir le sens humain. Surtout, il faut se garder absolument d'en déduire que je fais de la psychanalyse appliquée. Modalité du langage, le symbolique n'est pas esclave de la psychanalyse, pas plus que le rêve, qui est une forme de langage avant d'appartenir à la symptomatologie, c'est-à-dire de renvoyer au pathologique. Deux domaines d'investigation sont amalgamés sous prétexte que se recoupent tant soit peu leurs objets. Autant confondre gynécologue et voyeur. Le propre du réel (l'objet) est d'exister indépendamment du concept qui le représente. Bref, les phénomènes que formalise la psychanalyse lui préexistant, il est légitime de prendre en compte les distorsions langagières auxquelles ils s'apparentent (dont le langage poétique) dans toute élaboration d'un modèle du langage, qui s'élargit ainsi aux dépens de l'ineffable.

Cependant, la notion de symbole donne lieu aux plus extrêmes confusions imputables, d'une part, à l'insidieuse popularité d'un courant proche de Jung, de l'autre, à ce qu'on croit irréconciliables les différents domaines qui y ont affaire. Le travail de C.G. Jung est remarquable par son ampleur et la qualité de son observation (celle d'un véritable praticien), mais le peu de netteté des contours de sa pensée engendre une postérité contestable, donnant lieu à des formules du genre : «Les symboles fondamentaux condensent l'expérience totale de l'homme, religieuse, cosmique, sociale, psychique »[5], d'une élégance métaphysique suspecte.

Si l'on admet toutefois l'existence de trois grandes tendances correspondant aux symboles respectivement collectif (Jung), inconscient (Freud), et enfantin (Piaget), il est possible de faire reculer la métaphysique par une formalisation qui décrive une fonction langagière spécifique irréductible à la fonction sémiotique. Ainsi, l'expression « symbole collectif » est contradictoire, « collectif » étant une propriété sémiotique[6], tandis que ce qui distingue le symbole est sa plasticité, principe contraire aux critères de discrétion et d'opposition, bref d'identité fixe que soustend le contrat social. On doit accepter, pour satisfaire au critère scientifique de spécificité de l'objet, le caractère mouvant du symbole, reconnu par Freud dans la notion de *travail du rêve*, incompatible avec les catalogues de symboles oniriques qu'admettait encore en 1900 *La Science des rêves*. Cette capacité d'anamorphose contribue à son caractère inconscient, comme participant d'une logique hétérogène à l'appréhension rationnelle, d'articulation fondamentalement sémiotique. C'est pourquoi la technique d'interprétation consiste à isoler chaque élément sensiblement symbolique du contexte sémiotique où il apparaît (le rêve manifeste, par exemple), et d'*associer* librement — règle analytique, mais avant tout exigée par la structure symbolique — de manière à désobéir aux catégories réglant le sémiotique. Ces propriétés non-cognitives sont justement ce qui fait du symbolique la voie d'accès au langage de l'enfant encore inapte à l'abstraction et à la rigidité du signe. Sans doute le symbole enfantin n'est-il pas décrit comme essentiellement inconscient par Piaget, dont l'admirable habileté au décryptage prouve le contraire à montrer comme on vainc l'écran sémiotique dans l'investigation symbolique. Un fait cependant explique que le symbole enfantin puisse paraître *moins inconscient* que celui du rêve et de la psychopathologie quotidienne : c'est qu'il n'a pas pour fonction de déguiser des tabous de la société. Plus le sens latent fait à celle-ci violence, mieux il résiste à l'interprétation, évidemment.

Toutes ces définitions ont en commun de distinguer le signe « arbitraire » du symbole « naturel », c'est-à-dire présentant un lien de ressemblance entre le signifiant et le signifié (Piaget), ou mieux : signifiant pris pour un autre (Lacan). Il est donc fortement souhaitable que soit reconnue une théorie unifiée du symbolique, dont l'élément de base, le symbole, est singulier (*vs* collectif) et inconscient, par opposition au signe, collectif et conscient du sémiotique.

Statut du film

Quel est le rôle du symbolique dans le comique des *Temps modernes*? Pour être comique, l'interdit présocial doit s'évoquer sans être montré, faute de quoi se déclenchent les défenses antinomiques au rire. Or, le symbole est mimétique (signifiant pris pour un autre) et inconscient. Mais ce n'est pas une condition suffisante, le rire se réglant sur des signaux : distorsions de l'énonciation, qu'elles soient phoniques (accent étranger, grasseyement du *r*, suraccentuation, etc.) ou visuelles, geste suggestif dans l'humour, et outrance caricaturale dans le comique. N'importe, ce qui fait l'originalité du chef-d'œuvre de Chaplin, c'est que le symbolique y présente *aussi* (et non représente) aux confins du risible infantile le tragique indicible qui, grâce à la concomitance du symbole et du signe, emprunte les mêmes voies langagières que la critique sociale ordonnant tout le récit du film.

Le thème tragique central selon cette étude est celui de la mère phallique (mot psychanalytique mais chose réelle), comme traduction symbolique, et donc émotionnelle, d'une société égarée dans la forclusion des valeurs d'humanité. Ainsi, le langage filmique dépasse-t-il la convention sociale inhérente au sémiotique, en faveur de la liberté symbolique. Et si le discours, qui est du côté de la société, ne peut vraiment la dénoncer, sa symbolicité toujours à inventer en revanche appartient d'abord à qui la met en action, et s'adresse directement au destinataire sans la médiatisation d'un code, ou principe d'intercompréhension reposant sur un schématisme *ad hoc*. On a bien affaire à un travail, au déplacement, à l'*anamorphose*.

Puisqu'on prend un signifiant pour un autre, il est possible d'identifier l'industrie capitaliste à une personne, la machine à broyer sociale à la mère terrible étouffant son rejeton. C'est ce que réalise Chaplin, à nous plonger, par le biais du monde du travail en crise, dans un univers infantile ratissé aux ordres de la haine maternelle. Mais précisons que la puissance de la symbolisation chargeant le discours comique de violence inouïe, ne s'explique pas simplement par le déplacement de signifiant. Le déplacement de signifiant iconique consistant en une analogie visuelle, le symbole se réduirait à l'ordre métaphorique. On serait ramené à de gros symboles stéréotypés comme ceux des productions hollywoodiennes : il n'est que d'évoquer le vaisseau spatial de *Rencontre du troisième type*, descendant parmi nous couronné d'épines tel le Christ de la Nouvelle Rédemption. Non ! Pour que le symbole innove, il lui faut emprunter une voie concrètement multiforme d'évocation, celle de la contiguïté. Ce qui fait la mère phallique, ce n'est pas la femme à barbe, mais le sein machinique, le robot nourricier, le moulinage gestatif des engrenages, menaces latentes corroborées par une symbolique active de l'univers infantile.

Le symbole, c'est donc, pour être tout à fait précis, *un signifiant mué par anamorphose en celui dont le signifié entretient un rapport de contiguïté avec la crise émotionnelle qui provoque cette transformation même*. Le couvercle du robot nourricier, signifiant prédisposé en tant que forme hémisphérique à protubérance centrale, se fait sein de métal, associé au mortifère nourrissage maternel, avatar imaginaire de la société capitaliste des années trente.

La violence du présocial résistant à la socialité, le principe même du comique à mes yeux, s'en trouve aggravée jusqu'à conférer au comique des *Temps modernes* cette dimension tragique qui n'appartient qu'à lui. Un comique des plus raffinés tendant vers le sérieux, plus proche de l'humour, *régulation d'un moi que menace la contrainte du réel extérieur* (contrainte sociale, physique, biologique, etc.), *par une inversion de l'affect négatif du sentiment des limites* (du corps, de l'individu, de la vie, voire de la biosphère, etc.). Une typologie des genres du risible pourrait s'appuyer sur le degré de civilité des ressorts du rire. On aurait tout au bas de l'échelle l'impossibilité de rire du stade prénatal/natal, puis viendrait le rire grotesque de la phase pipi-caca, suivrait le rire comique du précognitif, ensuite l'humour, défense corrélative d'une conscience cognitive du monde, enfin, l'humour noir, le plus évolué car il civilise l'horreur. Chaplin n'en use pas. Mais il joue à la fois du non-risible prénatal et postnatal d'avorton, du comique classique (précognitif/présocial), et de l'humour par l'ironique dignité de son personnage à moustachette, portant gants, canne et redingote, d'une élégance à courbettes à peine outrée. Le grotesque est en tout cas dépassé. Ce qui l'affranchit de la tradition du pur divertissement burlesque, au profit d'un genre totalement original.

DESCRIPTION

Nous voici donc chez les bébés. Les proportions de l'usine rapetissent les personnages. Les stores de toile des magasins occupant le haut du cadre miment la bordure de robe maternelle. Les personnages féminins cependant, à l'exception de la secrétaire, se caractérisent mères phalliques : revêche épouse du pasteur virilement nippée, robuste tétonnière attaquée par Charlot, jeune fille croquant insolemment une belle banane. La maternité de celle-ci est encore à venir quand, le dos plaqué au mur, elle accentue la rotondité de sa robe enflée de vent[7]. Mais ne pas oublier que *le symbolique se rit de l'espace-temps* : elle est bien mère, et abusive, quand elle répond à la place de Charlot au patron du café qui l'engage. Elle se présente d'ailleurs barrée à la sexualité : couchant à part, enveloppée d'une courtepointe d'aspect écailleux unissant étroitement les jambes, elle est l'inviolable sirène endormie.

Quant au petit lui-même, des bouts de chiffon blanc émergent tels des couches des poches-revolver des ouvriers et détenus; à l'avant-dernière séquence des *Lumières de la ville*, Charlot s'assure significativement de l'odeur du coin d'étoffe blanche tiré de son fond de culotte par les gamins. Des visages sont mâchurés entre salissure et peintures de guerre. Beaucoup de chauves, et de tailles disparates en guise de crânes duveteux et incoordination des croissances, notamment à la prison, dont les détenus en file marquant le pas simulent le petit train. La cellule est même équipée de couchettes à étage capitonnées et animées de secousses provenant en réalité du remuant Charlot. Et une chaise surélevée d'enfant trône comme de juste dans le bureau du directeur.

Premiers pas avec chutes caractéristiques, cul-par-dessus-tête : les évadés assommés par Charlot, où, dans *Le Cirque*, les clowns à la renverse. Le joujou est évoqué par le pantin articulé sur roulettes, que mime Charlot ivre-mort au grand-magasin, comme dans *Le Cirque* l'automate de foire, et dans *La Ruée vers l'or* où l'ingénieur voudrait ranimer le vagabond gelé, à lui imprimer debout des mouvements inertes et saccadés, ayant frotté circulairement son abdomen comme pour tourner une clé de ressort.

Autre symbole enfantin, la figure du gentil volatile, reposant sur les diminutifs communs aux langues anglaise et française : poussin, poulet, canard... Le dandinement de canard de Charlot, sa métamorphose en poulet (*La Ruée vers l'or*), le geste hilarant de *Charlot policeman* jetant des graines à la marmaille, l'imperceptible confusion entre la balle de golf et l'œuf dans *Vie oisive*, le canard que Charlot extrait d'un cornet de papier avec des gestes d'accoucheur dans *Les Lumières de la ville*, l'ange abattu comme un canard sauvage dans *Le Kid*, etc. : riche filon imaginaire, donnant lieu dans *Les Temps modernes* à un petit manège ahurissant parmi d'autres : pour sustenter le mécanicien (chauve) coincé dans la machine, Charlot lui fiche en bec une branche de céleri telle que sa tête rondouillarde évoque, à l'envers, un poulet muni de plumes caudales de verdure; puis lui entonne un œuf dur aussitôt expulsé par le réflexe du gosier : pondu, tout comme la balle de golf dans la bouche du golfeur endormi (*Vie oisive*). Le supplicié déglutit entre-temps son café à petits coups secs et répétés de poulet. Enfin, il est gavé comme une oie, au moyen d'un entonnoir que remplace bientôt un poulet rôti par où s'écoule du gosier au cloaque le café jusque dans sa gorge.

Nurserie de conditionnement machinique, l'usine se meuble de petits placards où s'encastrent des bancs d'école maternelle à l'arrière-plan du tapis roulant de chaîne. Celui-ci s'engouffre dans une bouche en capote de landau. Le directeur fait joujou avec un puzzle et lit des comics. Les gestes professionnels des ouvriers sont simulacres. On dirait qu'un pot de chambre fumant émerge d'un siège percé sous le derrière d'un gros bouclé. Déposé inconsidérément sur le banc par Charlot, c'est un potage chaud où s'était assis son compagnon. Il se lève, marchant les jambes écartées. L'urétralité s'illustre abondamment dans tout l'œuvre. Voici dans *Les Lumières de la ville* les deux arroseurs pintés, le millionnaire dirigeant involontairement le jet de sa bouteille de whisky dans le pantalon béant de Charlot. Chaplin insiste d'ailleurs sur la burlesque difficulté à introduire un fluide (urinaire) dans un récipient, lait fusant du pis de la vache, ou coulée de poudre narcotique dans la salière. Experte, la femme du pasteur dirige, elle, correctement le bec d'eau de Seltz dont le bruit obscène fait sursauter Charlot. Néanmoins, quand il s'agit d'arroser les autres comme jeu d'assimilation, on projette exactement de l'huile de burette sur un ouvrier, puis en pleine poire du PDG, enfin sur la blouse immaculée de l'infirmier ; plus c'est interdit, plus c'est drôle.

L'univers infantile se polarise sur le ventre vide comme dans la plupart des Charlots. Mais le point de vue absolu de l'oralité exacerbée fait du mangeur un aliment lui-même. De cyclopéennes mâchoires s'incarnent dans ce qui comporte la configurabilité voulue, le vitrage à l'arrière-plan de la chaîne, divisé en deux rangées superposées de rectangles verticaux, ou la presse hydraulique sur un châssis montrant un rang d'épaisses lames d'acier parallèlement dressées. Mais le nourrisson sadique-oral rétorque armé d'un outil d'acier substitutif, pour entamer les chairs, de la secrétaire, puis de la femme forte dans la rue. On touche là au terrifiant particulier aux *Temps modernes*.

La brutalité du nourrissage (gavage, contretemps du robot, étouffement sous le jet du tonneau en perce) marque le divorce d'avec la mère nourricière et la société. L'alimentation est violence, quand elle n'est pas usurpée ou ne manque. Usurpation par le rapt des bananes, du pain, des provisions de bouche de la cabane et du repas-*self* dont les deux plateaux ronds simulent la poitrine maternelle : c'est bien au spectacle de la faim désespérée du nourrisson que l'on est convié.

Le manque est patent, mais souligné par l'abondante circulation de liquide nutritif. Aux arrière-plans, tout un dispositif d'acheminement liquide développe un réseau de tuyaux quadrillant l'usine, la prison, le café-concert, la ville même. Ville à la fois portuaire et site urbain moderne riche en égouts, à la porte duquel se dresse la bicoque semi-lacustre des fugitifs. Liquidité généralisée et aussi bien amniotique, au point que d'absurdes figures, comme le tremplin dressé au-dessus du vide au rayon jouets du grand magasin, l'affirment. Rageur d'inanition, Charlot outillé s'attaque à une bouche d'incendie, avant de se précipiter sur la grosse dame pour dévisser ses organes nourriciers.

Dardant chacun un bouton en forme d'écrou, ceux-ci annoncent les Temps de la têtée automatique. Le corps de la mère se distribue dans la mécanique, dont les carters de turbine ronds munis concentriquement d'un petit cercle ailetté entourant une protubérance telle l'auréole le mamelon. Un autre tétin d'acier coiffe le robot nourricier conduit par des chauves en blouse de coupe cache-brassière dans un décor de maternité (ressemblance frappante avec l'hôpital). En bas, une violente cavité pleine d'étincelles où l'inventeur veut glisser sa main, signe l'identité maternelle de la machine. Elle exige un mangeur calibré, sans chair, ni désir ni vitalité propre, mais digérant les écrous. Chaque bouchée accompagnée d'un soupir de réticence pneumatique se présente à contretemps à la tête de Charlot qui finit en cible foraine de jeu de massacre (encore le pantin).

Cette tête émergeant au monde sous la férule et les lazzis est celle aussi de la parturition en cours. On remarque qu'aux *passages* souvent l'occiput de Charlot rencontre un objet dur, tel le montant supérieur de porte de la cabane, comparable à la symphise pubienne, seule partie osseuse de l'orifice génital. Dans *La Ruée*, le franchissement des portes est souvent perturbé par le détachement d'une poutrelle, ou par un retour intempestif de la porte. Cependant, la parturition est mécanique quand saille de la machine bloquée la *tête-de-Turc* du mécanicien, ou que les engrenages de la chaîne entraînent Charlot aux notes enfantines d'une boîte à musiques, dans un mouvement méandresque mimant la naissance anale de la théorie sexuelle infantile : il est d'ailleurs tenu par le talon comme un nouveau-né, devant la bouche en landau menant aux entrailles machiniques.

Mais la chaîne comporte une marche arrière, puissance imaginaire de rétractation de naissance. Des figures de la réversibilité jalonnent précocement toute l'œuvre. Les portes à tambour s'obstinant à ne pas pivoter à moins de 360°... L'une même, dans *Charlot en cure*, expédie notre curiste après révolution complète dans un petit puits de cure bien amniotique. La réversibilité parturiale dans *Les Temps modernes*, c'est surtout le double escalator qui la symbolise après avoir été expérimenté à presque 20 ans en arrière dans *Charlot chef de rayon*[8]. Il semble hisser dans le corps maternel et en faire redescendre les petits usagers. Charlot pourtant est sommé par le cambrioleur armé de descendre à contre-courant. Burlesque de motricité enfantine dissimulant une terrible indécision dans l'enjeu de la venue au monde. Sa bifidité sombrement rayée de degrés évoque la vulve pileuse que corrobore à proximité une porte capitonnée à double battant flanquée de la pilosité végétale d'une plante verte. Charlot qui, assommé de drogue en prison, prenait en toute innocence le chemin des écoliers s'arrête interdit au seuil d'une porte encadrée de feuillage, puis réintègre derrière lui la chaleur utérine : tant de radiateurs dans les locaux carcéraux n'est pas fortuit. Ce passage bordé de verdure se retrouve dans la maison de rêve bourgeois commun avec la jeune fille, mais il y a des précédents, notamment dans *Charlot soldat*, le boyau secret ménagé dans le mur de l'état major, par où s'évade Charlot. Le sexe de la mère se dessine clairement dans la route bordée d'arbres décoratifs qui, divisée par une ligne médiane, converge à l'horizon en triangle pubien. Le dernier plan du film montre le jeune couple se dirigeant par la médiatrice vers l'arrière-plan où se profilent des montagnes mamelliformes.

Le liquide nourricier de la ville s'associe donc aussi à l'accouchement. Charlot est violemment extirpé des égouts, comme le millionnaire-pochard du fleuve des *Lumières de la ville*. Où bien il bascule hors du logis « lacustre » dans le marigot, puis réintègre l'utérus par-dessous la jupe de sa compagne tendant une jambe nue secourable. La cabane inspire en général à Chaplin l'image du séjour fœtal, non-régi par les lois physiques ordinaires. Ici, les meubles s'enfoncent dans le sol. Les coordonnées de l'espace physique sont encore mouvantes et redistribuables. Comme dans *La Ruée vers l'or*, les issues multiples correspondent aux orifices du corps, au moins deux, celui de la naissance et celui de la bouche cannibalique. Celle dévolue à la bouche, voisine avec le garde-manger dont les étagères s'ornent de papier *dentelé*. La cabane sinistrée de Charlot avec Big Jim (*La Ruée vers l'or*), comporte trois entrées. Une pour la bouche desservant un vestibule-cavité-bucale, et sur un axe perpendiculaire, deux plus importantes opposées : le *devant* et le *derrière*. Celle de derrière donne sur l'abîme où s'incline dangereusement la baraque (ne pas se tromper d'orifice, impératif social de premier ordre!) par un balancement de matrice. Il s'agit pour les candidats à la naissance d'atteindre l'autre en remontant la pente du plancher rendu glissant par une intrusion de neige houleuse. Même drame de la difficulté à naître, traité sur le mode burlesque au motif de la maladresse motrice. Heureusement, une corde coincée dans une anfractuosité rocheuse retient la maison. Figure ombilicale! A la fin sur le paquebot, Charlot dégringole au creux d'un cordage lové, exactement aux pieds de sa Georgia, contiguïté évidente. Les divers avatars du cordage : cordelettes, écheveau de laine, serpentins et autres spaghettis ont dans toute l'œuvre même valeur.

Dernière figure utérine : le lieu souterrain, que corrobore l'inondation amniotique dans la casemate de *Charlot soldat*. Le restaurant — contrepoint de la faim — présente les mêmes caractéristiques dans *Les Lumières de la Ville* et dans *Les Temps modernes* : on y descend par un escalier, point de fenêtre, des plafonds semblables au corps surplombant de la mère : dessous de robe inhospitalier, en béton carré dans celui-ci, avec cordon de serpentin relié au canard rôti fœtal accroché au lustre, ou orné des motifs féminins à damiers en vogue à l'époque dans l'autre, vers où Charlot se hausse à grignoter le serpentin pris pour spaghetti suspendu au lustre dentelé (cannibalique). Là, le tourniquet de la danse se donne bien comme image de l'hésitation à naître, tout en représentant les circonvolutions intestinales de la théorie sexuelle infantile. A chaque fois, Charlot est prisonnier du même mouvement chorégraphique circulaire, parfois relié par une corde à un chien (*Une vie de chien, La Ruée vers l'or, Les Temps modernes*) dont le nom « dog » désigne l'accouchement, par le jeu implicite *doc*[9]. Aussi, le canard rôti que doit servir Charlot connaît-il toutes ces aventures avant d'être déposé en catastrophe devant une table ronde renversée, la nappe retroussée comme une parturiente imprévue.

Reste une dimension de tragique filial : celle de l'abandon; Charlot et Big Jim, son frère utérin de *La Ruée*, ne sont-il pas isolés du monde dans une cabane *abandonnée*? C'est une telle catastrophe que l'enfant l'assimile rétrospectivement, quand il en a acquis la conscience, à la mort des parents, et à la sienne propre. Voyez les suaires couvrant les meubles du grand magasin, la rangée de croix des lutrins au café-concert, les croix de saint André ornant la poitrine des rugbymen, les cercueils : petite resserre sarcophagique où sommeille Charlot, beurrier d'argent chanfreiné sur l'automate nourricier, caisse à outil, madrier tronqué reposant sur le chantier naval, lorsque le bateau inachevé sombre, carcasse issue d'un grand squelette de charpente sous une poutrelle transversale en position de symphyse pubienne. Des cadavres : le corps de la jeune fille paraît, par un cadrage approprié, entièrement couvert du manteau dont Charlot la protège pour la nuit au grand magasin. De même, Georgia, le croyant passager clandestin, jette une couverture sur Charlot dans son cordage (*La Ruée*), et, dans *Le Kid*, la mère coiffée de lugubres plumes noires couvre funèbrement son fils retrouvé au commissariat, par un effet patent de caméra. La dernière séquence montre la jeune fille en sanglots renouant son ballot, fichu noir sur petite forme blanche. A comparer à l'aveugle (des *Lumières*) fondant en larmes sur la corbeille où gît une pelote de laine blanche. Dans l'œuvre, l'enfant et la mère figurés ou non, appartiennent chacun à deux univers séparés. Ceux de l'aveugle et du voyant des *Lumières de la ville*, puis de la riche et du pauvre quand l'aveugle a recouvré la vue, la rose offerte bras tendu (distance) traversant l'écran symbolique d'un mur de redan interposé ; à rapprocher de la scène où Charlot se croit élu par Georgia (*La Ruée*) saluant familièrement son ami derrière lui ; mondes parallèles du kid et de sa mère lui faisant l'aumône sans le connaître ; à quoi correspond dans notre film le néant de la conjonction sexuelle, qui maintient Charlot hors du monde adulte représenté par la jeune fille.

CONCLUSION

La description symbolique du film par son insolite agrammatical et sa richesse émotionnelle, se présente comme la transcription d'un poème visuel. On voit ainsi que l'imagination créatrice procède en fait du symbolique, car seul est imprévisible ce qui échappe à l'enchaînement inférentiel du sémiotique. Le discours comique y gagne en valeur de ne pas se réduire à une suite de gags prévisibles à force. Le rire tend vers le raffinement d'un rire proche des larmes, et la suite des gags s'unifie de s'ordonner à un univers sous-jacent d'implacable nécessité. Ce qui ne veut pas dire que l'on s'autorise à nier le discours, médium intelligible obligé du film, auquel également le sens constitué en soi est aussi essentiel que celui de la dérive symbolique. Une description complète pourrait ainsi se résumer : dans *Les Temps modernes*, l'univers présocial se généralise pour que s'y origine un point de vue comique comme critique radicale du monde réel, dont la posture de Statue de la Liberté de la jeune fille dans le panier à salade, et le portrait de Lincoln de la cellule de Charlot sont les emblèmes ironiques. Mais le présocial, y compris le prénatal, n'est guère plus rassurant. Le point de vue ne peut réellement s'ancrer à aucun de ces deux univers rivalisant d'inhospitalité.

Notre film n'institue donc pas de signifié. Il développe un système sur la base de l'exploitation complète des propriétés du langage, ne laissant jamais en repos le sens, dont l'effet global s'en trouve inouï. A ne pas confondre avec l'ineffable, qui me paraît le mythe commode de ceux qui se refusent à reconnaître que la condition de la démarche scientifique est de déterminer son objet comme matériel[10]. Nous le tenons, il s'agit du signifiant. Et si nous avons, comme toujours dans les sciences de l'homme, affaire à de l'insaisissable en soi : le fait psychique, le sens, son mouvement est indissociable du processus matériel concomitant observable sur des faits de langage. Ce qui, sans doute, empêche de voir vraiment ce qui s'y trouve est, depuis le structuralisme, le règne incontesté sur les sciences du langage du rationalisme saussurien.

BIBLIOGRAPHIE

Bresson, Robert, *Notes sur le cinématographe*, Gallimard/NRF, 1975.
Brisset, Jean-Pierre, *La Grammaire logique*, Baudoin, 1980.
Devos, Raymond, *A plus d'un titre*, Olivier Orban, 1989.
Freud, S., *Le Mot d'esprit et ses rapports avec l'inconscient*, Gallimard, 1930.
Jung, C.G., *L'Homme à la découverte de son âme*, Montblanc, Genève, 1950.
Klein, Mélanie, *Essais de psychanalyse*, Payot, 1980.
Lacan, Jacques, *Ecrits*, Seuil, Paris, 1966.
Malmberg, Bertil, *Signes et symboles*, Picard, 1977.
Piaget, J., *La Formation du symbole chez l'enfant*, Delachaux et Niestlé, Neuchâtel-Paris, 1945, 1976.
Ponge, Francis, *Méthodes*, Gallimard, 1961.
Popper, Karl R., *La Logique de la découverte scientifique*, Payot, 1984.
Todorov, Tzvetan, *Théories du symbole*, Seuil, 1977.

NOTES

[1] Sans cantonner le moi à l'instance psychique puisque l'on rit avec son corps. Reconnaissons que la conscience, la sensation, comme l'imaginaire du corps propre, font partie du moi.

[2] On peut dire que l'adoption par Chaplin du parlant marque le déclin de son génie : *Les Temps modernes*, film sonorisé mais non parlant est à la fois son chef-d'œuvre et la dernière œuvre digne de lui. Le «Burlesque» ne peut qu'être muet, parce qu'il évoque le stade préverbal. Témoin, Tati, le dernier des grands burlesques qui, à l'époque du parlant triomphant, réduit une parole déjà minimale à des balbutiements, ou à des formules proprement averbales.

[3] Ainsi que dans ses autres muets les plus réussis, auxquels je me réfère chaque fois que c'est possible.

[4] Cette position entraîne la mise entre parenthèses de la technique filmique, cadrage, mouvements d'appareil et montage, considérés dès lors par convention comme ordonnant non le sémiotique et le symbolique concomitants, mais le matériau filmique qui en est le support.

[5] Chevalier et Gheerbrant, *Dictionnaire des symboles*, Bouquins, Robert Laffont/Jupiter, 1982, Paris, p. XX.

[6] En tant que le signe repose sur un contrat social.

[7] Ou «devant», comme on voudra.

[8] Les biographes signalent que Chaplin avait été, avant de songer à Charlot chef de rayon, particulièrement frappé par un incident d'usager sur l'escalator d'un grand magasin.

[9] Ne pas négliger dans les processus symboliques le jeu intersémiotique (*cf.* aussi la figure du poulet), bien connu de la science des rêves.

[10] Matière naturelle des sciences exactes et inhumaines, artéfactuelle ou culturelle pour les sciences humaines et inexactes.

Bibliographie générale

Alleman, B. (1978), «De l'ironie en tant que principe littéraire», [in] *Poétique*, 36, 1978.
Attardo, S. (1988), «Trends in European humor reseach : toward a text model», *Humor*, 1-4, 349-369.
Attardo, S. (1993), *Linguistic Theories of Humor*, Berlin : Mouton de Gruyter.
Attardo, S. et coll. (1994), «The linear organisation of jokes : analysis of two thousands texts», *Humor*, 7-1, 27-54.
Barthes, Roland (1973), *Le plaisir du texte*, Paris : Seuil.
Baudelaire, C., *De l'essence du rire et généralement du comique dans les arts plastiques*, Paris, 1855, [in] *Œuvres*, Paris, Seuil, 1977.
Berlyne, D.E. (1969), «Laughter, Humor and Play», [in] Lindzey, G., Aronson, E. (ed.), *Handbook of Social Psychology*, vol. 3, Massachusets : Addison-Wesley.
Bertrand, Denis (1993), «La justesse», *RSSI*, 13 (1-2), «Les formes de vie» : 37-51.
Boutet, Daniel (1985), *Les fabliaux*, Paris : Presses Universitaires de France.
Burlesque et formes parodiques, actes du colloque du Mans, éd. I. Houillon-Landy et M. Ménard, PFSCL, 1988.
Colas-Blaise, Marion (1992), «De l'historiette au conte philosophique, ou les enjeux du croire», *Études romanes*, VI : 79-102, Luxembourg : Publications du Centre Universitaire de Luxembourg.
Defays, Jean-Marc (1994), «La rhétorique, la sémiotique et le comique», *RSSI*, 14 (3), «La rhétorique et la sémiotique» : 81-101.
Defays, Jean-Marc (1992), *Jeux et enjeux du texte comique : stratégies discursives chez Alphonse Allais*, Max Niemeyer Verlag, Tübingen.
Defays, Jean-Marc (1992), *Raymond Devos*, Labor, Bruxelles.
Defays, Jean-Marc (1994), *Le texte à rire : technique du secret et art de l'illusion chez Alphonse Allais*, Université de Jyväskylä, Finlande.
Defays, Jean-Marc (1996), «De la spécificité du discours comique», *Le français moderne*, tome LXIV, n° 1, p. 63-76.
Defays, Jean-Marc (1996), *Le comique : principes, procédés, processus*, Seuil (Mémo), Paris.

Defays, Jean-Marc (1998), «Le burlesque et la question des genres», *Poétiques du Burlesque*, éd. D. Bertrand, Champion, Paris, p. 39-47.

Defays, Jean-Marc (1999), *Le comique*, en coll. avec J.-L. Dufays, à paraître chez Didier-Hatier (Séquences), Bruxelles.

Dubois, J. (1983), «Poétique du mot d'esprit chez Apollinaire», [in] *Acta Universitatis Carolinae-Philologica Romanistica Pragensia*, XV, 83-94.

Duisit, L. (1978), *Satire, parodie, calembour, pour une esthétique des modes dévalués*, Anma Libri, Stanford University.

Dupriez, B. (1980), *Gradus, dictionnaire des procédés littéraires*, Paris, UGE, 10/18.

Escarpit, R. (1960/1994 réd.), *L'humour*, Paris, PUF, réédité par Que sais-je?

Fontanille, Jacques (1984), «Cause toujours... je focalise», remarques sur la polémique conversationnelle», *Actes sémiotiques - Bulletin*, VII (30), CNRS, «Polémique et conversation» : 44 - 53.

Fontanille, Jacques (1993), «Le cynisme», in *L'humour européen*, numéro spécial «Humoresques», éd. Denis Bertrand.

Fontanille, J. (1993), *Le cynisme. Du sensible au risible*, [in] *L'humour européen*, Lublin-Sèvres.

Fourastié, J. (1983), *Le Rire, suite*, Paris, Denoël-Gonthier.

Freud et le rire (1994), éd. A.W. Szafran et A. Nysenholc, Paris, Métailié.

Freud, S. (1905/1988), *Le mot d'esprit et sa relation à l'inconscient*, Paris, Gallimard.

Greimas, Algirdas Julien et Jacques Fontanille (1991), *Sémiotique des passions. Des états de choses aux états d'âme*, Paris : Seuil.

Grice, H.P., «Logic and conversation», [in] Cole, P. & Morgan, J.L. (1975), *Syntax and Semantics, Speech Acts*, New York, Academic Press, p. 41-58.

Guiraud, P. (1979), *Les jeux de mots*, 2e édition, Paris, PUF.

Hesbois, L. (1988), *Les jeux du langage*, Ottawa, Presses de l'Université d'Ottawa.

Highet, G. (1962), *The Anatomy of Satire*, New Jersey, Princeton University Press.

Hutcheon, L. (1978), «Ironie et parodie : stratégie et structure», [in] *Poétique*, 36, 1978.

Jacob, P.L., *Paris ridicule et burlesque au XVIIe siècle*, Paris, A. Delahays, 1859, p. 174.

Jardon, Denise (1988), *Du comique dans le texte littéraire*, Bruxelles : De Boeck-Duculot.

Kant, E. (1846), *Critique de la faculté de juger*, trad. Philonenko, Paris : Vrin, 1989.

Kierkegaard, S. (1975), *Le concept d'ironie*, OC, t. 2, éd. de L'Orante.

Gemenne, L., «Diversification des pratiques d'écriture : une de 'perdrix', dix de retrouvées?», [in] *Enjeux*, n° 19, mars 1990, p. 37-54.

Le rire au Moyen Âge, Bordeaux, Presses Universitaires de Bordeaux, 1990.

Lefort, B. (1990), «L'humour, une activité regulièrement irrégulière», [in] *Humoresques*, tome 2, 25-30.

Lefort, B., Riguet, M. (1992), «Humour et formation : une recherche exploratoire», [in] *Les Cahiers du CRELEF*, 33, 117-139.

Martin, G.V. (éd.), *Féminin/Masculin : humour et différence sexuelle*, Cahier de recherche CORHUM-CRIH, n° 3, 1995.

Mavrocordato, A., *L'humour en Angleterre. Anthologie*, Paris, Aubier-Montaigne, 1967, note 68, p. 35, «Ironie et humour : le discours renversant», dans *Humoresques*, n° 4, janvier 1993, p. 35.

Menager, D., *La Renaissance et le rire*, Paris, Presses Universitaires de France (coll. «Perspectives littéraires»), 1995.

Morier, H. (1981), *Dictionnaire de poétique et de rhétorique*, Paris, PUF, 1981.

Morin, V. (1966), «L'Histoire Drôle», [in] *Communication*, 8, p. 102-119.

Morreall, J. (1989), «Enjoying Incongruity», *Humor*, 2-1, 1-18.

Nerhardt, G. (1976), «Incongruity and funiness : toward a new descriptive model», [in] Chapman, A. and Foot, H., *humour and laughter : theory, research and applications*, London : Wiley.

Nies, Fritz (1973), «Das Ärgernis *Historiette*. Für eine Semiotik der literarischen Gattungen», *Zeitschrift für romanische Philologie*, 89 : 421-439.

Nysenholc, A. et Willy, A. (ed.)(1994), *Freud et le rire*, Paris, Métaillié.

Quéré, Henri (1992), *Intermittences du sens*, Paris : Presses Universitaires de France.

Quéré, Henri (1994), *Récit. Fictions. Écritures*, Paris : Presses Universitaires de France.

Rothbart, M.K. (1976), «Incongruity, problem-solving and laughter», [in] Chapman, A. and Foot, H., *Humour and laughter : theory, research and applications*, London : Wiley, 37-54.

Sade, le Marquis de (1968 [1926]), «La saillie gasconne», in *Historiettes, contes et fabliaux*, Paris : 10/18 : 20-21.

Sareil, Jean (1984), *L'écriture comique*, Paris : Presses Universitaires de France.

Sarrazin, Bernard, *Le Rire et le Sacré*, Paris, Desclée de Brouwer, 1991.

Schoentjes, P., *Recherche de l'ironie et ironie de la recherche*, Gand, Universa (Werken uitgegeven door de faculteit van de letteren en wijsbegeerte, 180).

Spencer, H. (1860), «The physiology of laughter», *Macmillan's Magazine*, I, 395-402.

Starobinski, J. (1971), *Les mots sous les mots. Les anagrammes de Ferdinand de Saussure*, Paris, Gallimard.

Suls, J. (1972), «A two-stage model for the appreciation of jokes and cartoons : an information-processing analysis», [in] Goldstein, J. and McGhee, P. (ed.), *The Psychology of Humor*, New York : Academic Press, 81-100.

Suls, J. (1983), «Cognitive processes in humor appreciation», [in] McGhee P. and Goldstein, J. (ed.), *Handbook of Humor Research*, New York : Springer, 39-55.

Wilson, C.P. (1979), *Jokes : Form, Content, Use, Function*, London : Academic Press.

Zilberberg, Claude (1993), «Le schéma narratif à l'épreuve», *Protée*, 21 (1) : 65-87.

Zilberberg, Claude (1992), «Présence de Wölfflin», *Nouveaux Actes sémiotiques*, 23-24, Limoges : PULIM.

Index rerum

absurde, 27, 32, 64-65, 107-108, 125-126, 135-143, 170
absurdité, 36, 64, 122
acte de croire, 8, 134
adultère, 58, 60
allégorie, 122, 155
ambigu, 14, 71, 73, 105, 122
ambiguïté, 36, 40, 80, 87, 97-98, 106, 110, 114, 116, 125, 137, 146
amusement, 52, 86-87, 123
anagramme, 92-93, 100
analogie, 73, 92, 96, 125, 164, 166
anamorphose, 70, 165-167
anecdote, 16, 124, 160
anticatastase, 32
antiphrase, 27-29, 32-33, 53, 140
autodérision, 43, 118-119
axiologie, 78, 82
axiologique, 43, 70, 82

baroque, 69
blague, 8, 38, 41, 79, 149, 151-152, 156-158
bouffon, 24, 65, 70, 74, 144
bouffonnerie, 24
burlesque, 7, 63-74, 157, 163, 167, 169, 171-172, 175

calembour, 6-7, 36-37, 69, 74, 91-111, 138
caricatural, 48, 65, 166
caricature, 44, 122, 124
catachrèse, 68
catastase, 32
censeur, 56

censure, 6-7, 56-57
charade, 41
chute, 15, 41, 43, 49, 51, 99, 107, 114-116, 125, 143, 150, 157, 168
clown, 7, 45, 47, 65, 146, 168
comédie, 14, 22, 121, 149, 152, 156-160
comédien, 49, 52, 128, 137, 139
comicité, 15
comicologue, 18
connotation, 97-99
connivence, 15, 48-49, 146
continuum, 31, 150
contradiction, 10, 26-28, 30-31, 33, 84, 88, 125, 127
contradictoire, 84, 105, 125, 134, 165
contrariété, 23, 29-32, 88
conversation, 14, 43, 79, 87, 105-106, 111
croyance, 8, 133, 140, 145-146
cynique, 135, 143
cynisme, 87, 139, 143, 147

dégradation, 24, 27, 142
délire, 69, 70
dénégation, 51, 73, 82, 85
dénotation, 97-98
dérision, 14, 72, 122, 124, 140, 143, 145, 151
déroutant, 64
désinvolte, 84, 151
désinvolture, 83-86
détente, 14
dialogue, 28, 51, 80, 114-115, 125, 141, 147, 154-155
diégèse, 150-152, 158-159

disconvenance, 22, 67
discordance, 6-7, 63, 65, 68, 72, 103
disjoncteur, 114-116, 119
dissimulation, 30-33
dissonance, 6, 68
distorsion, 6, 65, 164, 166
drolatique, 19
drôle (voir histoire), 119, 142, 146, 151-152, 161, 169
dysfonctionnement, 19

écart, 10, 18-19, 23-24, 30, 32, 72, 93, 135
enfant, 8, 23, 32-33, 39, 42, 44, 46, 50, 57, 71, 79, 113, 117-118, 165, 168, 172-174
enfantin, 165-171
énigmatique, 14, 16, 71
énigme, 9, 94
énonciatif, 6-7, 10, 20, 37, 51, 58, 72, 78, 89
énonciation, 7-8, 19, 35, 38, 41-51, 66-67, 69, 71-73, 78, 80, 83, 86, 88, 112, 120, 166
esprit, 13-14, 18, 20, 22, 23, 26, 32, 56, 58-59, 65-66, 69-70, 74, 79, 97, 100-103, 110-111, 122, 125, 133, 141, 152, 160-161, 174
éthique, 72, 86
éthos, 92
événement comique, 6, 8, 149, 152, 157-158
extravagance, 69
extravagant, 64, 70, 138

fabliau, 7, 55-61, 78, 87-88
fantaisie, 14, 69, 146
filmique, 149, 152, 156-158, 163-164, 166, 175
fou rire, 14, 44, 96

gag, 8, 14, 65, 149-152, 156-158, 173
genre, 5-8, 15-20, 24, 27, 61-62, 64-66, 77, 79, 89, 91, 98, 101-102, 105, 108, 110-111, 121-122, 124, 144, 149, 152, 154, 164, 167
grimaces, 50
grinçant, 14
grotesque, 7, 14, 63, 65, 122-123, 167

hémistiche, 92, 95-96
héroïcomique, 24, 64-68
hilarant, 14-15, 168
hilarité, 23, 51
histoire drôle, 7-8, 38, 51, 107, 109, 111, 113-120, 156
holorimes, 104, 108
homonymes, 94-95, 110

humeur, 64-68
humoresque, 69
humoriste, 8, 27-28, 33, 48, 51, 66, 68-69, 72, 74, 116, 134, 144
humoristique, 16, 27-28, 35-36, 38-46, 48-52, 68, 71-73, 114, 116, 119
(méta)humoristiques, 115
humour, 6-7, 14, 16, 23-28, 31-38, 42, 46-52, 61-70, 72-74, 87, 111, 120, 124, 127, 133, 135, 141-144, 146-147, 151-152, 154, 166-167
humour anglais, 14, 68-69
humour juif, 151
humoir noir, 72, 146, 167
hyperbole, 10
hypogramme, 93-94
hypotexte, 96, 99

idéogrammatique, 99
imitateur, 44
imitation, 43, 50
implicature, 105-107, 111
imprévisible, 6, 9, 173
inattendu, 6, 22, 32, 40, 43, 79, 110, 115, 122, 157
incongru, 40, 43, 81
incongruité, 6, 10, 42, 46-47, 105, 114-116, 118
infantile, 163, 166-172
intentionnalité, 19-20
interaction, 6, 15-16, 19-20, 35-52, 69, 78, 134
interlocution, 38
intonatif, 39-42, 50
intonation, 40, 42-43, 45, 49, 53, 117
inversion, 10, 32, 65-67, 69-70, 167
ironie, 6, 13-14, 21-34, 42, 53, 68-71, 74, 111, 133, 140, 142, 144, 147
ironique, 18, 27-32, 43, 70-71, 121, 155-156, 167, 173
ironiste, 23, 26-27, 30, 33, 70

jeu de mot, 7, 14, 17, 36, 38, 41, 49, 74, 79, 92-96, 98-99, 101-104, 108, 110-111
jubilation, 160
jubilatoire, 150, 161

ludique, 18, 71, 81, 147
lyrique, 94-96
lyrisme, 96

malice, 28, 57, 59-60, 154
malicieux, 154
massacre, 143, 170
maxime, 79, 105-109, 111
mécanique, 15, 56, 80, 159, 170

mécanisme, 5, 46, 50, 80, 92-93, 97-98, 100, 102-103, 116, 124, 141, 158
mécaniste, 101, 109
mécréant, 143
métaphore, 79, 91-92, 97, 137
métaphoriques, 61, 91, 97, 116, 166
métonymie, 156
mimétique, 166
mimique, 7, 45, 48-51
modalisation, 43, 84
modalité, 8, 10, 15, 43-44, 84, 92, 94, 134
monologue, 41-42
monostiche, 95
moquerie, 21-22, 121, 126
moral, 24-25, 27, 32, 91-92, 124, 142
morale, 6, 24, 33, 59, 81, 124, 137, 143
mot d'esprit, 71, 103, 161

non-verbal, 6-8, 35, 41, 45-53

pantomime, 29
paradoxe, 10, 27-31, 139
paraverbal, 7-8, 35-53
parodie, 13, 19, 24, 34, 64-66, 74, 122, 138, 140, 142
parodique, 5, 10, 19, 64-65, 68, 70, 74
pathémique, 82, 84-85
perles, 18
pathèmes, 49
phonème, 37
phonèmes, 36, 38, 40-41, 43, 45
pince sans rire, 51, 146
pitreries, 50
plaisanterie, 16, 23, 26, 38, 40-41, 43-44, 53, 78-79, 81, 83, 86, 88-89, 94, 142, 156
plaisir, 6, 14, 22, 72, 86-87, 89, 99, 111, 143, 153, 155, 157
pragmatiques, 6-8, 10, 20, 37, 40, 42-43, 59, 72, 82, 105, 107, 112, 134
praxis, 7, 78
préjugé, 9-11, 13, 91, 124-126
proxémique, 46

quiproquos, 60-61, 114-116, 152

raillerie, 21-22
régime, 6, 18
repartie, 8, 61-62, 149-161
répétition, 10, 17, 57, 99, 115, 159
réplique, 80-81, 83, 115, 118, 125, 151-152, 154, 159
rhétorique, 6, 17, 20-21, 23, 26-27, 29-31, 33-34, 67, 84, 87, 137, 161
ridicule, 22-23, 64, 67, 69, 72, 127, 145, 152
rire, 6, 8, 10, 14-17, 19, 21-25, 27-34, 42-45, 51-52, 55, 60-61, 67, 72, 74, 77-78, 81-82, 85-86, 88-89, 96, 98, 100, 105, 107-108, 111, 114, 116, 118-120, 124, 126-127, 133-135, 142-143, 145-147, 149-152, 154-161, 166-167, 173
risible, 16, 101, 105, 107-108, 111, 141, 147, 166-167
ruse, 57-58

saillie, 77-88
sarcasme, 43
sarcastique, 121
satire, 7-8, 14, 22, 25, 56, 121-133, 142
satirique, 7-8, 18, 70, 72, 121-122, 124, 127
satiriste, 121-123
sérieux, 5, 9-11, 14, 18-19, 21, 23, 26, 32, 43, 46, 49, 51, 66-67, 74, 97, 120, 123, 153, 167
simulacre, 82, 85, 169
situation, 24, 30, 32-33, 53, 55, 58-60, 64, 66, 72, 75, 94, 116-117, 136, 139, 144, 146, 151, 153, 155, 159
— (d'énonciation), 7-8, 120
— (comique de), 152
— (comédie de), 159
— (scolaire), 7, 55
— (sociale), 124, 127
sketch, 8, 41-42, 49-50, 52, 121-127, 133, 138, 141, 143, 145, 147
slapstick, 150, 161
sophistiqué, 149-150, 157-158, 160
sourire, 14, 23, 27, 30-31, 33, 47-49, 67, 88, 116, 119
spirituel, 14, 98, 101
stéréotypes, 44, 57, 61, 124-125, 141, 143, 145, 166
stimulus, 16, 45, 66, 92
subversif, 6, 81, 86, 91, 127
subversion, 8, 70
surprise, 6, 42, 83, 114-115, 125, 150, 156-157
suspens, 15, 68-69, 150

tabou, 145, 163-165
transgressif, 10, 138, 151
transgression, 6, 14, 19, 73, 78, 86-87, 142, 145
transtextualité, 65
travestissement, 64-66, 69, 74
trivial, 68

vantardise, 24
verbal, 6-8, 13-15, 19, 35-53, 70, 78, 88, 137, 140, 151-152, 156
vulgaire, 25, 27-29, 31, 66
vulgarité, 67

Table des matières

Présentation 5
Jean-Marc Defays et Laurence Rosier

Introduction 9
Jean-Marc Defays

Les problèmes de l'analyse du discours comique 13
Jean-Marc Defays

Ironie et théories du rire :
l'enseignement de Schopenhauer et de Bergson 21
Pierre Schoentjes

Verbal, paraverbal et non-verbal dans l'interaction verbale
humoristique 35
Jean-Charles Chabanne

«Comme un vol de perdrix hors du foyer rural»
Un fabliau médiéval entre philologie et didactique 55
Louis Gemenne

Burlesque et humour. Inversion, discordance et distance 63
Dominique Bertrand

Le comique de la saillie.
Étude sémiotique d'une historiette du marquis de Sade 77
Marion Colas-Blaise

Le calembour créateur chez Apollinaire et Cocteau 91
David Gullentops

Le calembour, fiente de l'esprit qui vole? 101
Dan Van Raemdonck

Le discours comique et sa réception : le cas des histoires drôles 113
Bernard Lefort

Le pouvoir de la satire à travers un sketch de Lenny Bruce 121
Isabelle van de Gejuchte

Le rire et le croire : Devos, Desproges, Dieu 133
Bernard Sarrazin

**L'engendrement du rire dans la comédie sophistiquée hollywodienne :
l'exemple de Ninotchka [Ernst Lubitsch, 1939]** 149
Laurent Sterckx

**Approches symboliques du comique filmique :
Les Temps Modernes** 163
Daniel Weyl

Bibliographie générale 177

Index rerum 181